KB118990

이화여자대학교 특수교육연구소 현장 총서 시리즈 ②

장애유아를 위한
AAC 활동

김성민 · 임장현 · 장지은 · 이정은 공저 | 박은혜 감수

학지사

　늦여름의 기세가 조금씩 가을을 닮아 갈 무렵 '보완대체의사소통' 과목을 통해 의사소통에 어려움이 있는 장애유아들이 세상과 소통할 수 있게 해 주는 여러 방법을 배우게 되었습니다. 우리는 이 과정에서 알게 된 통합 현장을 위한 방법 제시와 어떤 방법이 장애유아들에게 가장 효과적으로 적용될 수 있을까에 대해 공동의 고민을 갖게 되었습니다. 그러한 고민을 가진 우리가 모여 이 활동서를 만들게 되었습니다.

　최근 장애유아들의 성공적인 통합을 위한 다양한 교수 방법과 사회적 통합을 위한 사회성 기술 교수의 실행 및 적용이 많이 이루어지고 있습니다. 이런 상황에 맞추어 교육적 · 사회적 통합을 위한 의사소통의 제한을 극복할 수 있도록 하는 보완대체의사소통 요소들이 교육과정에 함께 제시된다면 유치원 교사들뿐만 아니라 가정의 부모님들께도 큰 도움이 될 것입니다. 이에 현재 유치원 교육과정인 누리교육과정에 제시된 교육활동에서 의사소통에 한계를 가진 장애유아를 위한 보완대체의사소통적인 방법을 제시하여 교사들이 교육과정을 실행할 때 이를 함께 준비하여 실행할 수 있도록 이 책을 구성하였습니다.

　3~5세의 누리교육과정 내용 중 보완대체의사소통적인 방법을 효과적으로 제시할 수 있는 단원을 선택하여 교육과정에서 제시된 교육목표와 교육활동에 필요한 보완대체의사소통 방법을 실제적으로 수업에 적용하는 예와 보완대체의사소통 도구의 상징들을 단계적으로 구성하여 장애유아의 기능에 따른 적용을 할 수 있도록 구성하였습니다. 또한 이러한 활동들은 교육 장면에서의 평가 및 가정에서의 학습과 연계될 수 있도록 활동지로 구성하여 제시하였습니다.

　이 책이 3~5세 누리교육과정의 전체 내용을 다루지는 못하고 있으나, 이러한 내용들이 제시되지 않은 단원에도 유치원 교사, 특수교사 및 언어치료사들이 각 단원의 제시 내용을 토대로 하여 해당 내용을 적용 및 실행할 수 있습니다. 이에 대한 안내를 위해 이 책이 적극 활용되기를 기대해 봅니다. 또한 이 책은 유아교육현장과 장애유아들의 사회적 의사소통 향상을 위해 애쓰는 전문가들의 적극적인 활용으로 훌륭한 활동서로 자리매김할 것이며, 한정된 지면의 활동서가 아닌 무한한 지면의 활동서로 바뀌어 갈 것입니다.

작은 결과물이지만 책의 출간은 많은 분의 감사한 마음과 도움으로 가능하였습니다. 이 책이 나올 수 있도록 기회를 주시고 제자들의 능력과 애씀을 누구보다도 귀히 여겨 주신 이화여자대학교 특수교육과 박은혜 교수님께 진심으로 깊은 감사의 마음을 전합니다. 또한 함께하는 즐거움과 무엇보다도 장애유아들의 의사소통에 있어서 또 하나의 통로를 제시할 수 있을 거라는 희망으로 작업에 참여한 이 책의 저자들과 서로의 동료임을 자랑스럽게 생각합니다. 마지막으로 장애유아들을 위해 드러내지 않고 묵묵히 애쓰는 일반/특수교사들과 언어치료사분들의 애씀의 씨앗이 각 교육현장에서 아름다운 꽃으로 피어나도록 기도하겠습니다.

2016년 6월
저자 일동

차 례

제**1**장

장애유아를 위한 AAC

누리과정은 장애유아가 가족 외에 처음으로 확장된 사회생활을 시작하는 단계로 의사소통에 어려움을 가진 장애유아는 AAC를 통한 지원을 제공받을 수 있어야 한다. 이 교재는 누리과정에 AAC를 활용한 교수법을 적용하여 의사소통에 어려움이 있는 장애유아의 참여를 높일 수 있는 효과적인 방안을 모색하는 노력에서 시작되었다. 여기서는 누리과정 교수학습활동에 AAC 관련 교수를 삽입하는 데 있어 기본이 되는 AAC 개념과 지도 방안에 대해 살펴보고자 한다.

1. AAC란 무엇일까

AAC(Augmentative and Alternative Communication, 보완대체의사소통)란 구어로 의사소통이 어려운 사람이 다른 사람들과 상호작용할 수 있도록 도와주기 위한 방법의 총체를 말한다. 미국말-언어청각협회(ASHA, 2005)에서는 AAC를 '심한 말-언어장애를 가진 사람들의 장애와 이로 인한 활동 제한 등을 극복하도록 돕는 일 및 관련 연구를 모두 포함하는 개념'이라고 정의하고 있다. 의사소통이 모든 사람의 가장 기본적인 권리이자 요구임을 고려할 때 되도록 이른 시기부터 개인의 필요에 기초한 의사소통 지원이 마련되어야 한다.

2. 유아기에 AAC를 적용하는 것은 너무 성급한 선택이 아닐까

AAC를 적용함에 있어 일부에서는 너무 이른 시기에 AAC를 적용하면 유아가 구어를 못 배우게 되지 않을지 우려를 나타내는 경우가 있다. 이와 관련하여 발달장애 부모에게 AAC 요구에 대해 조사한 연구에서 두 어머니의 의견을 들어 보면 다음과 같다(임장현, 박은혜, 구정아, 2014).

"어린이집 차원에서도 아이가 참여할 수 있도록 의사소통 수단을 적극적으로 마련해 주어야 할 것 같아요. 아이가 처음 접하는 사회환경이거든요. 그래서 성공적으로 사회생활을 할 수 있는 첫 경험에서 아이가 총 빼고 전쟁 나가라는 것과 똑같아요. 의사소통 수단 없이 통합을 한다는 게." (자폐성장애 1급 15세 자녀를 둔 어머니, 53세)

"유아기 때 장애가 진단이 되잖아요? 그때부터 AAC가 적용이 됐더라면, 어떻게 보면 발달이 더 빨리 되었을 수도 있는데……." (자폐성장애 1급 13세 자녀를 둔 어머니, 44세)

자녀가 AAC를 사용한 경험이 있는 부모들은 이와 같이 더 이른 시기에 AAC를 사용하는 것의 당위성에 대해 강조하고 있다. 실제로 여러 연구에서 AAC 교육이 자발적 구어사용발달에 아무런 영향을 미치지 않으며, 오히려 실어증, 지적장애, 자폐성장애 및 지체장애가 있는 사람을 대상으로 한 연구 결과 음성언어를 촉진하고 구어를 사용한 자발적 의사소통 시도가 늘어났다고 보고하고 있다(Fossett, Smith, & Mirenda, 2003; 임장현, 2011). 또한 AAC를 사용하는 경우 일상생활에서 AAC나 제스처를 포함한 언어의 기능적 사용도 촉진되는 것으로 나타났다. 이와 같은 점들을 고려할 때 되도록 이른 시기에, 적어도 누리과정이 시작되는 단계에서는 유아에게 적합한 AAC를 지원하는 것이 필요하다.

3. AAC를 어떻게 적용해야 할까

AAC 개념을 알아도 어떻게 적용해야 할지 구체적인 사항을 몰라서 어려움을 겪을 수 있다. AAC 실행은 크게 상징, 보조기기, 전략, 산출기술의 네 가지 구성요소로 이루어진다. AAC를 효과적으로 적용하기 위해 4가지 구성요소와 지도 방안에 대해 살펴보면 다음과 같다.

1) 상징

상징(Symbol)이란 일반적인 구어가 아닌 간단한 수화나 제스처(그림이나 사진 등과 같은 아이콘)을 말한다. 상징체계는 얼굴 표정, 제스처, 음성, 몸짓, 수화와 같이 특별한 기기를 필요로 하지 않는 것과 실제 사물, 축소형 사물, 사물의 일부분, 그림, 사진, 글자 등과 같이 자료가 필요한 것으로 나누어 볼 수 있다. 제스처, 표정, 음성 등도 의사전달에 있어 효과적으로 사용되나, 다양한 의미를 전달하는 데 어려움이 있어 일반적으로 AAC용으로 개발된 상징을 효과적으로 사용할 수 있다. 사용자의 사회적 요구와 지각능력, 연령, 선호도 등을 고려하여 기존에 개발되어 있는 국내외 AAC 상징체계들을 다양하게 활용할 수 있다.

SMP ------- Word	Bliss	Gus	Minspeak™	PCS	Tech/Syms (AMDi)	Unlimiter Simple Line Drawing	Unlimiter Photo
Want							
Like							
House							
Look							
Need							

외국의 다양한 상징체계

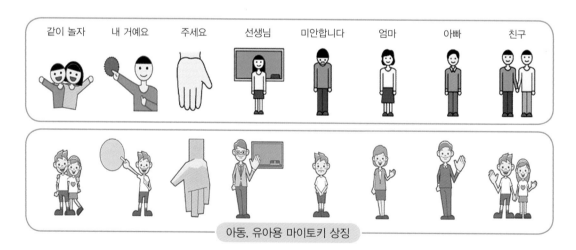

같이 놀자	내 거예요	주세요	선생님	미안합니다	엄마	아빠	친구

아동, 유아용 마이토키 상징

2) 보조기기

보조기기(Aids)는 상징체계를 담기 위해 제작된 물리적인 기기로 교사나 부모가 직접 제작하는 그림판이나 전자 의사소통기기 등을 포함한다. 의사소통판이나 책은 상징판을 출력하거나 복사하여 들고 다닐 수 있도록 제작하여 비용이 저렴하고 제작이 용이하며 개인의 필요와 요구에 따라 다양하게 사용할 수 있다는 장점이 있다.

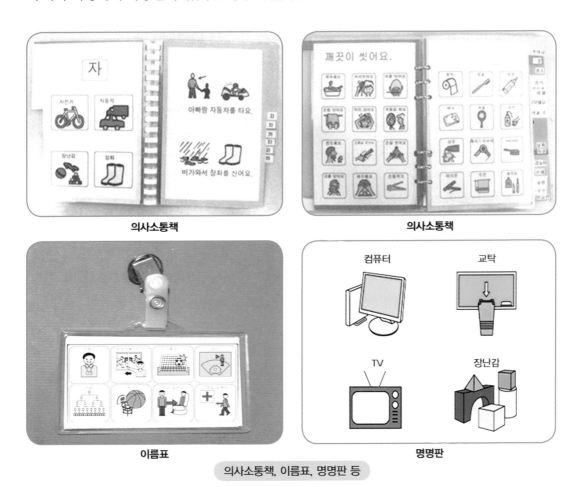

의사소통책, 이름표, 명명판 등

음성출력 의사소통기기는 공학의 발달과 함께 다양한 전자 의사소통도구가 개발되어 사용되고 있다. 음성출력 의사소통기기는 의사소통책보다 훨씬 많은 메시지를 저장할 수 있고, 녹음하거나 음성합성 방식을 사용하여 음향적 피드백을 제공해 줄 수 있는 장점을 가지고 있다. 국내에서도 다양한 전자 AAC 기기가 개발되어 상용화되고 있다.

싱글스위치

투버튼 스위치

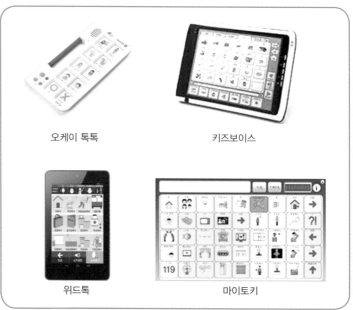

오케이 톡톡

키즈보이스

위드톡

마이토키

음성출력 전자 AAC 도구

최근에는 모바일 기기의 보급과 음성합성 기술 등의 발전으로 모바일 애플리케이션 형태의 AAC 프로그램이 개발되어 사용자 선택의 폭이 넓어졌다. 모바일 기기는 휴대가 편리하고, AAC 외에도 통화, 문자, 메신저 등의 보편적인 기능이 있을 뿐 아니라, 터치스크린과 펜 등을 활용하여 쉽게 접근할 수 있다는 장점이 있다.

마이토키 스마트

토크 프렌드

마이퍼스트 AAC 애플리케이션

3) 전략

유아에게 AAC를 지도하는 것과 같이 AAC를 사용하는 유아와 대화하는 상대자에게도 적절한 대화 전략을 지도하는 것이 필요하다. 아직 AAC에 대한 인식이 확산되지 않아 AAC를 배워도 지역사회에서 일반화하기 어려운 현실을 고려할 때 교사나 부모가 먼저 적절한 대화 전략을 배우고, 동시에 비장애 또래 유아 등 장애유아가 만나는 사람들을 대상으로 지도하는 것이 필요하다. AAC를 사용하는 유아와 대화하는 상대자에게 필요한 전략은 다음과 같다.

- 유아에게 눈을 맞추고 대화가 시작될 것을 알려 준다.
- 유아가 사용하는 AAC를 보여 달라고 요청하고, 어떻게 사용하는지 알려 달라고 한다.
- 유아가 AAC로 메시지를 만들 시간을 주고, 인내심을 가지고 기다린다.
- 긴장을 풀고 의사소통 리듬을 늦추도록 한다.
- 유아에게 질문할 기회를 준다.
- 유아가 어떤 말을 할지 추측할 수 있을지라도 먼저 말을 끝내거나 완성해 주지 않는다.
- 말로 의사소통하는 것처럼 유아의 얼굴 표정과 몸짓에 집중한다.
- 유아가 전달한 메시지를 이해하지 못했을 때 반복해 달라고 요청한다.
- 다른 사람을 통하지 않고 직접 유아와 얘기한다.

4) 산출기술

마지막으로 산출기술이란 장애유아의 운동기술 능력에 따라 AAC 자료에 접근할 수 있는 방법을 선정하는 것이다. 직접선택이란 AAC를 사용할 때 유아가 손으로 가리켜서 조작하는 방법인데, 손의 움직임이 불편할 경우 손 외에 조작 가능한 신체 부위(예: 팔꿈치, 발, 머리 등)로 보조공학기기 등을 활용하여 직접 선택할 수 있도록 지원할 수 있다. 예를 들어, 두 손의 사용은 어렵지만 고개 조절이 가능한 경우라면 헤드포인터를 머리에 쓰거나 마우스스틱을 입에 문 상태에서 메시지를 선택하게 할 수 있다. 전자 AAC 도구의 경우 안구마우스, 레이저포인터 등으로 선택한 것을 나타내는 방법도 있다.

안구마우스

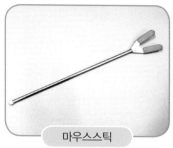
마우스스틱

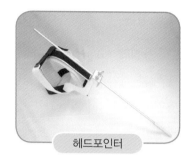
헤드포인터

신체 일부분을 활용한 직접선택이 어려울 경우 간접선택방법을 사용할 수 있다. 스캐닝이 대표적인 방법인데, 대화 상대자가 유아에게 표현할 메시지가 무엇인지 의사소통판에 있는 메시지를 하나씩 짚어 가며 읽어 주면 유아가 해당하는 것에 고개를 끄덕이거나 눈을 맞추어 선택하는 방법이다. 상대방이 직접 하나씩 짚어 가며 물어보는 방법 외에도 태엽 장치가 달린 전자도구를 이용해 포인터가 돌아가면서 메시지를 하나씩 짚어 주고 선택한 곳을 가리키게 하는 방법도 있다. 소프트웨어 형태의 AAC 프로그램 중에는 운동기능에 어려움이 있는 사용자가 스위치나 조이스틱을 이용해 메시지를 쉽게 선택할 수 있도록 스캐닝 모드를 지원하는 것도 있다(마이토키, Dynavox 등).

4. 일러두기: 장애유아를 위한 AAC 활동서의 개발 내용

1) 개발 목적

장애유아를 위한 AAC 활동서의 개발은 유치원과 어린이집에 통학하고 있는 장애유아들에게 의사소통적인 촉진과 발달을 극대화하여 통합환경 내에서 교수적인 통합뿐만 아니라 사회적인 통합에 기여하고자 하는 데 그 목적이 있다. 따라서 이 책을 통해 다음의 세부적인 개발 목적을 달성하고자 하였다.

첫째, 유아교육 장면에서 AAC 활용의 극대화를 통해 장애유아의 의사소통적인 촉진과 발달을 꾀한다. 이에 장애유아의 교육과 보육을 담당하고 있는 유치원 교사들에게 AAC 도구에 대한 실제적인 활동을 손쉽게 할 수 있는 활동서를 제시함으로써 교수적인 준비의 부담과 모호함을 덜고자 하였다.

둘째, 통합 장면에서 누리교육과정에 적용된 AAC 활용을 통해 장애유아의 의사소통적인 독립성을 증진시키고 이를 통한 교육활동 참여를 극대화하고자 하였다. 의사소통의 가장 자연스러운 형태는 자발성에 기초한 의사소통인데, 장애유아가 교육과정과 교육참여에 독립적 · 자발적으로 다가설 수 있는 통로를 제공하는 것은 다른 교육적인 고려에 우선해야 할 것으로 보인다. 이에 이 책은 AAC를 통해서 장애유아의 교육과정과 또래 및 교사와의 사회적 상호작용을 스스로 할 수 있는 통로를 제공하고자 개발되었다.

셋째, AAC 도구의 교수매체로서의 기능을 교육장면에 적극적으로 적용함으로써 매체의 장점을 교육적 효과로 연결시키고자 하였다. AAC 도구는 매체로서의 장점인 음성과 시각적인 제시의 결합, 손쉬운 입력방법으로 의사소통적인 문제해결을 가장 손쉽게 할 수 있는 매체다. 이러한 장점을 가진 AAC를 교수매체로 활용하는 것은 매체의 장점을 교육적인 장면에서 가장 필요로 하는 장애유아들에게 접목함으로써 의사소통적인 교육과 발달을 촉진할 뿐만 아니라 일반 유아들의 의사소통적인 발달과정에서도 증진을 꾀할 수 있을 것으로 보인다.

2) 개발 단계

장애유아를 위한 AAC 활동의 개발과정은 다음의 단계를 거쳐서 이루어졌다.

교육과정 분석	주제 선정 및 어휘 선정	활동지 개발
• 연령별 누리교육과정 분석 • AAC 활용을 위한 의사소통 관련 목표 구성 • 수준별 어휘 선정 기준 마련	• 연령별 10가지 주제 선정 • 주제별 목표 어휘 선정과 상징 선택 • 수준별 목표 어휘 선정과 상징 선택	• 의사소통 목표를 평가할 수 있는 활동지 개발 • AAC 상징을 활용한 활동지 예시 제공

- **교육과정 분석**: 유아교육과 보육 교육 현장에서 공통으로 적용되는 누리교육과정을 분석하여 이 책의 개발에 적합한 의사소통 목표와 내용을 선정하였다. 이에 3, 4, 5세의 교육과정 내용 중 10가지 내용을 선정하여 이 책의 목표 및 목표에 부합되는 AAC를 활용한 교육활동 제시와 AAC 평가 목표 및 활동지 개발을 할 수 있도록 구성하였다.
- **주제 선정 및 어휘 선정**: 3, 4, 5세의 누리교육과정 내용 중 AAC 도구의 장점을 극대화할 수 있는 내용을 우선적으로 선정하여 이 활동서의 내용으로 구성하였다. 선택된 교과내용에

서 교육목표와 함께 AAC를 적용한 의사소통적인 목표를 달성할 수 있는 어휘를 선정하였다. 어휘는 장애아동의 능력과 기능에 따라 1단계와 2단계로 구분하여 제시함으로써 아동의 기능에 적합한 어휘 선택을 용이하게 할 수 있는 AAC 도구의 장점을 극대화하였다.

● 활동지 개발: 누리교육과정에 적용된 AAC를 통한 의사소통적인 목표에 대한 교육평가의 자료로 활용될 수 있는 활동지를 AAC 의사소통 목표에 맞게 구성하여 교수활동 중이나 교수활동 종료 후에 장애아동의 평가자료로 활용할 수 있도록 하였다.

3) 연령별 활동 구성

3세	4세	5세
1. 봄꽃 왕관 만들기 2. 꽃모종 심기 3. 여름 옷차림 퍼즐 4. 여름 날씨와 옷차림 5. 수박 바 만들기 6. 가을 과일 맛보기 7. 따로 또 같이 8. 다람 다람 다람쥐 9. 같은 느낌의 장갑끼리 모아요 10. 동물들의 겨울나기	1. 우리 동네 수수께끼 2. 우리 동네 행복 지킴이 3. 무슨 소리일까요? 4. 아름다운 가게놀이 5. 이것이 필요해요 6. 동네 사람들을 소개해요 7. 산마을 8. 포도가 달라졌어요 9. 동네에서 만나고 싶은 사람들 10. 국수 장터	1. 동네 안내원 놀이 2. 강아지 장난감을 배달해 주세요 3. 우리 동네에 숨어 있는 글자 4. 내가 사는 동네 그래프 5. 우리 동네 다리 모양을 알아보아요 6. 우리 동네를 함께 꾸며요 7. 우리 동네에 있는 건물과 조형물을 알아보아요 8. 안전한 곳과 위험한 곳 9. 내가 살고 있는 동네는 10. 우리 동네 숲은 어떤 모습일까

4) 활동 구성 체계

(1) 교육과정 목표 수정

자유선택활동 역할놀이영역	**1. 동네 안내원 놀이**

활동목표	⊙ 우리 동네에 있는 명소와 그 위치를 안다. ⊙ 우리 동네에 있는 명소를 안내한다. ⊙ 동네 안내원 놀이에 즐겁게 참여한다.
AAC 목표	⊙ 우리 동네 명소의 이름을 듣고 그림이나 사진을 찾는다. ⊙ 요청하는 명소와 관련된 그림 표지판을 AAC 상징에서 찾는다. ⊙ 동네 안내원 놀이에 관련된 말이나 어휘를 AAC 도구에서 듣고 말한다.
5세 누리과정 관련 요소	⊙ 자연탐구: 수학적 탐구하기-공간과 도형의 기초개념 형성하기 ⊙ 사회관계: 사회 관심 갖기-지역사회에 관심 갖고 이해하기 ⊙ 예술경험: 예술적 표현하기-극 놀이로 표현하기

(2) 교육활동 방법

활동방법	Tips
🎁 유아들이 사전활동으로 만든 안내도와 초등학생이 만든 안내도를 보면서 이야기를 나눈다. • 이 그림들은 무엇을 그린 그림일까? • 두 그림의 같은 점과 다른 점은 무엇일까? AAC-2 • 안내도에서 동네에 있는 산(강, 도로, 공원)을 찾아보겠니? AAC-1 • 어떻게 표시했니? AAC-1	- 유아들이 만든 안내도에서 관련된 명소를 쉽게 식별할 수 있도록 실물 사진을 함께 부착해 찾아보도록 한다. - 주의집중이 어려운 유아에게는 사진을 순차적으로 한 장씩 제시하고 확인한다.

• 안내도를 보면서 우리 동네의 유명한 장소들을 소개해 볼까? AAC-2

(3) 평가활동 및 단계별 어휘 선정

👤 평가

활동평가	• 우리 동네 안내원 놀이를 통해 명소의 위치를 알고 안내하는지 평가한다. 　1) 우리 동네에 있는 명소의 위치를 아는가? 　2) 우리 동네의 명소를 안내하는가? • 동네 안내원 놀이에 즐겁게 참여하는지 평가한다. 　1) 우리 동네 안내원 놀이에 즐겁게 참여하는가?
AAC 평가	• AAC 도구를 사용하여 동네 명소의 상징을 선택할 수 있는가? • AAC 도구를 사용하여 동네 명소 그림 표지판을 선택할 수 있는가?

AAC 단계별 활동어휘목록

AAC-1	우리 동네 안내도, 유치원, 경찰서, 우체국, 아파트, 놀이터, 마트, 소방서, 빵집, 은행, 식당, 병원
AAC-2	함께 가 보아요, 여기는 이마트예요, 친절하게 안내해요, 기분 좋게 안내해요, 안내하니까 재미있었어요, 안내하니까 흥미로웠어요, 안내받으니까 재미있었어요, 안내받으니까 기분 좋았어요

5) 의사소통 상징판(1단계, 2단계)

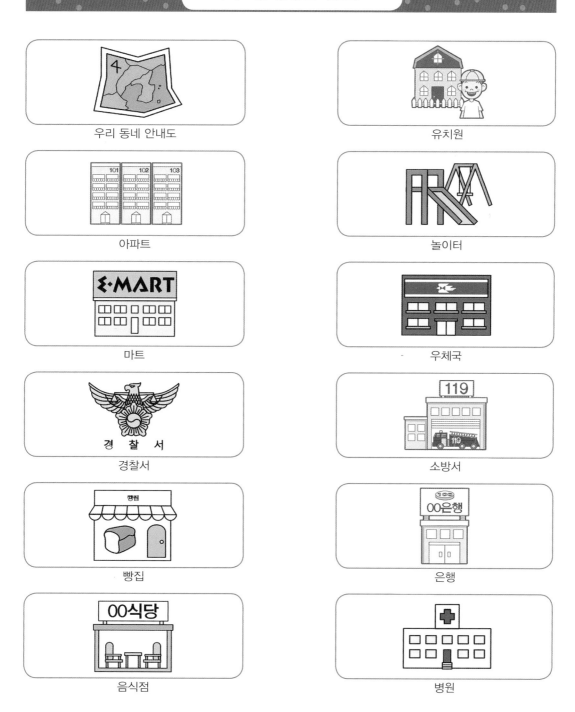

의사소통 상징판 AAC-I

우리 동네 안내도

유치원

아파트

놀이터

마트

우체국

경찰서

소방서

빵집

은행

음식점

병원

함께

가 보아요

여기는

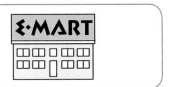

마트예요

즐겁게

안내해요

기분 좋게

안내해요

안내하니까

흥미로웠어요

안내받으니까

재미있었어요

6) 활동지

🛒 우리 동네에서 가 보고 싶은 곳을 골라 동그라미표를 그리고 함께 말해 보아요.

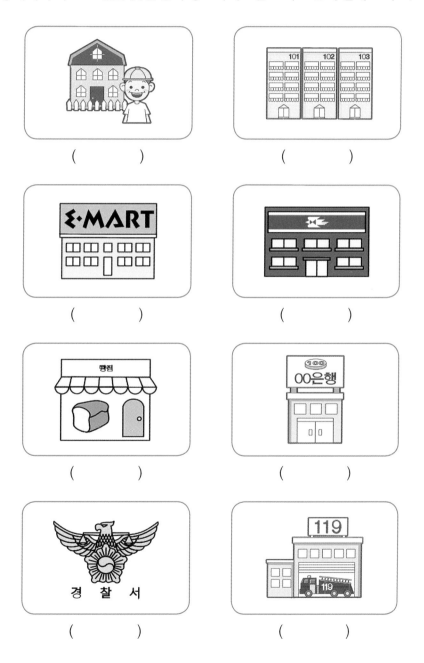

제**2**장

3세 활동서

1. 봄꽃 왕관 만들기

활동목표	◉ 같은 종류의 꽃끼리 모아 볼 수 있다. ◉ 1~5의 숫자를 세어 본다. ◉ 소근육의 힘을 조절할 수 있다.
AAC 목표	◉ 1~5의 숫자에 관심을 갖고 질문에 알맞은 숫자를 AAC 도구에서 찾아본다. ◉ 꽃의 색과 같은 색을 찾아보고 AAC 도구에서 선택해 본다. ◉ 자신의 생각이나 느낌을 AAC 도구를 사용해 표현해 본다.
3세 누리과정 관련 요소	◉ 신체운동 · 건강: 신체조절과 기본 운동하기–신체 조절하기 ◉ 자연탐구: 수학적 탐구하기–수와 연산의 기초 개념 알아보기 ◉ 자연탐구: 수학적 탐구하기–기초적인 자료 수집과 결과 나타내기

활동자료

봄꽃 자료(개나리, 민들레, 벚꽃, 진달래 그림의 뒷면에 똑딱단추를 붙임), 왕관 틀(왕관 틀 겉면에 똑딱단추를 붙임), 거울

활동방법

활동방법	Tips
👐 유아들에게 봄꽃 자료를 보여 주며 봄에 피는 꽃에 대해 이야기를 나눈다. • 봄에 피는 꽃에는 무엇이 있을까? AAC-I • 개나리/민들레/벚꽃/진달래는 무슨 색이니? AAC-I 	– 주의집중이 어려운 유아를 위해 봄에 피는 꽃 사진을 한 장씩 보여 준다. – 유아에게 친숙한 봄에 피는 꽃과 색부터 보여 주어 활동의 흥미를 유발한다.

🎁 봄꽃으로 왕관을 만드는 자료를 소개한다. • 무슨 색의 왕관을 만들고 싶니? 이 중에서 마음에 드는 것을 골라 볼까? AAC-1 • 어떤 봄꽃으로 왕관을 꾸밀까? AAC-1 • 진달래꽃 왕관을 꾸며 보고 싶구나. 그러면 진달래꽃끼리 모아 볼까? 	– 왕관 만드는 자료(꽃들)를 눈앞에 한 개씩 보여 주며 스스로 선택하여 대답할 수 있게 안내한다.
🎁 왕관 틀에 봄꽃 자료를 끼워 봄꽃 왕관을 만든다. • 왕관 틀과 봄꽃 자료에는 무엇이 붙어 있니? AAC-2 • 어떻게 해야 왕관 틀에 봄꽃들을 잘 붙일 수 있을까? AAC-2 • 똑딱단추를 끼우고 빼 본 적이 있니? AAC-1 • 똑딱단추가 잘 안 끼워질 때는 똑딱단추 끼우는 곳을 잘 보고 맞추어 보자. • 너의 왕관에 개나리/민들레/벚꽃/진달래를 몇 개 끼웠니? AAC-1 AAC-2	– 교사의 질문에 대한 답을 모를 경우, 자신의 생각을 AAC 도구를 이용해 자연스럽게 표현할 수 있게 안내한다(예: "잘 모르겠어요."). 유아가 자신의 생각을 AAC 도구를 활용해 대답했을 때 교사는 즉각적으로 적절한 반응을 해 준다. – 유아에 따라 1~5의 숫자 중 난이도를 조정하여 제시한다. – 유아가 붙인 꽃의 개수와 숫자를 함께 보여 주어 이해를 돕는다.
🎁 완성된 봄꽃 왕관을 머리에 써 본다. • 직접 만든 봄꽃 왕관을 머리에 써 보니 기분이 어떠니? AAC-2 • 거울에 비친 네 모습을 보니 어떤 느낌이 드니? AAC-2	– 자신의 기분을 AAC 도구를 사용하여 대답하기 어려워할 경우, 교사가 유아의 반응을 민감하게 살피어 해당하는 상징을 알려 주고 대답하는 모델링을 보여 준다. – 자신의 모습에 대한 느낌뿐 아니라 친구의 모습에 대한 느낌도 친구에게 표현해 보는 기회를 제공한다(예: "멋지다.").

| | 🎁 왕관 틀에서 봄꽃 자료를 떼어 원래대로 정리한다. | – 후속활동으로 교실 안에 있는 꽃이나 가정에 있는 꽃의 이름, 색 등을 AAC 도구를 사용하여 대답해 보게 한다.
– 혹은 후속활동으로 자연스러운 분위기에서 유아가 갖고 있는 간식이나 물건의 수를 세어 보고 AAC 도구를 사용해 대답해 보게 한다. |

👤 평가

활동평가	• 같은 종류의 꽃끼리 모을 수 있는지 평가한다. • 1~5의 숫자를 셀 수 있는지 평가한다. 　1) 1~5의 숫자를 손가락으로 하나씩 짚으며 셀 수 있는가? • 소근육의 힘을 조절하는지 평가한다. 　1) 똑딱단추 끼우는 부분을 잘 맞추는가? 　2) 똑딱단추를 끼울 때에 손의 힘을 적절하게 조절하는가?
AAC 평가	• 1~5의 숫자에 관심을 갖고 질문에 알맞은 숫자를 AAC 도구에서 찾아보고 대답할 수 있는가? • 꽃의 색과 같은 색을 찾아보고 AAC 도구에서 선택할 수 있는가? • 자신의 생각이나 느낌을 AAC 도구를 사용해 표현할 수 있는가?

AAC 단계별 활동어휘목록

AAC-1	개나리, 민들레, 벚꽃, 진달래, 노란색, 흰색, 분홍색, 네, 아니요, 1개, 2개, 3개
AAC-2	잘 모르겠어요, 똑딱단추, 단추를 끼워요, 4개, 5개, 기분이 좋아요, 기분이 이상해요, 그만하고 싶어요, 왕자님 같아요, 공주님 같아요, 멋지다, 예쁘다

개나리

진달래

민들레

벚꽃

노란색

분홍색

흰색

네

아니요

1개

2개

3개

잘 모르겠어요

똑딱단추

단추를 끼워요

4개

5개

기분이 좋아요

기분이 이상해요

그만하고 싶어요

왕자님 같아요

공주님 같아요

멋지다

예쁘다

내가 좋아하는 꽃의 색을 골라 보고 이야기를 나누어 보아요.

내가   좋아하는 꽃의 색은

빨간색	주황색	노란색	초록색
( )	( )	( )	( )

파란색	분홍색	흰색	보라색
( )	( )	( )	( )

다음에 왕관 으로 만들어 보고 싶은 꽃에 동그라미표를 그리고 친구들에게 소개해 보아요.

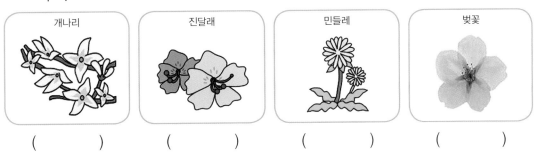

개나리	진달래	민들레	벚꽃
( )	( )	( )	( )

2. 꽃모종 심기

활동목표	⊙ 모종 심는 순서에 따라 모종을 심는다. ⊙ 꽃모종을 가꾸며 식물을 사랑하는 마음을 갖는다.
AAC 목표	⊙ 교사의 질문을 듣고 적절하게 AAC 도구를 이용하여 표현해 본다. ⊙ 꽃과 같은 색의 상징을 AAC 도구에서 찾아본다. ⊙ 꽃모종 심는 순서를 이해하고 AAC 도구를 사용하여 교사나 친구의 질문에 대답해 본다.
3세 누리과정 관련 요소	⊙ 자연탐구: 탐구하는 태도 기르기-호기심을 유지하고 확장하기 ⊙ 자연탐구: 과학적 탐구하기-생명체와 자연환경 알아보기

👤 활동자료

꽃모종 심는 순서도, 꽃모종(팬지, 데이지, 피튜니아 등), 꽃삽, 물뿌리개, 모종 심을 화분

👤 활동방법

활동방법	Tips
👜 유아들과 꽃모종을 보며 이야기를 나눈다. • 이 꽃을 본 적 있니? 어디서 보았니? AAC-1 AAC-2 • 이 꽃은 어떤 색이니? AAC-1 • 꽃향기를 맡아 보자. 어떤 향기가 나니? AAC-2	- 꽃이 있는 장소(예: 공원) 사진들을 미리 준비하여 보여 준다. - 꽃을 가까이에서 관찰하게 하여 같은 색의 상징을 연결시켜 보게 한다.
👜 유아들과 화분에 꽃모종을 심는다. • 꽃모종은 어떤 흙에 심어야 할까? • 흙에 있는 돌멩이는 어떻게 해야 할까? AAC-2 • 꽃모종을 잘 심으려면 어떻게 해야 할까? • 우리가 심은 꽃모종이 쓰러지지 않게 흙을 잘 다독여 주자.	- 유아에 따라 질문의 난이도를 조정한다. - 꽃모종을 심기 전에 교사가 꽃모종 심는 순서도를 한 장씩 보여 주며 이해할 수 있게 도와준다.

<꽃모종 심는 방법>

① 모종삽으로 화분에 흙을 넣는다.

② 흙에 있는 돌멩이를 골라낸다.

③ 모종삽으로 화분 가운데에 흙을 덜어 내어 구멍을 만든다.

④ 구멍 안에 꽃모종을 넣는다.

⑤ 모종이 뿌리를 잘 내릴 수 있도록 흙을 잘 다져 준다.

⑥ 흙이 촉촉해질 때까지 물을 뿌린다.

– 유아에 따라 활동 중에 AAC 도구를 사용하여 다음 순서를 대답하게 한다.
– 친구와 함께 꽃모종 심기 활동을 할 때 발생할 수 있는 대화의 내용을 AAC 도구를 사용하여 상호작용할 수 있도록 미리 준비한다 (예: "물뿌리개 줄래?").

🎁 꽃모종 가꾸는 방법에 대해 이야기를 나눈다.

• 꽃모종이 꽃을 활짝 피우려면 어떻게 가꾸어야 할까?
AAC-2

• 만약에 우리가 열심히 가꾸지 않으면 어떻게 될까?
AAC-2

– 잘 키운 꽃모종과 시든 꽃모종의 사진이나 실물을 준비하여 비교하여 보여 준다.
– 후속활동으로 유치원이나 가정에 있는 다양한 꽃의 색을 AAC 도구를 사용하여 대답해 보게 할 수 있다.

👤 평가

| 활동평가 | • 모종 심는 순서에 따라 모종을 심는지 평가한다.
• 꽃모종을 지속적으로 돌보는지 평가한다. |

AAC 평가	• 교사의 질문을 듣고 적절하게 AAC 도구를 이용하여 표현할 수 있는가? • 꽃과 같은 색의 상징을 AAC 도구에서 찾을 수 있는가? • 꽃모종 심는 순서를 이해하고 AAC 도구를 사용하여 교사나 친구의 질문에 대답할 수 있는가?

AAC 단계별 활동어휘목록

AAC-1	네, 아니요, 흰색, 빨간색, 파란색, 노란색, 분홍색
AAC-2	집에서 보았어요, 산에서 보았어요, 공원에서 보았어요, 좋은 냄새가 나요, 돌멩이는 빼 줘요, 물을 잘 줘요, 꽃을 예뻐해 줘요, 꽃이 시들어요

1. 화분에 흙을 넣어요.

2. 흙에 있는 돌멩이를 빼요.

3. 구멍을 만들어요.

4. 꽃모종을 넣어요.

5. 흙을 덮어요.

6. 물을 주어요.

네

아니요

흰색

빨간색

노란색

파란색

분홍색

집에서 보았어요

공원에서 보았어요

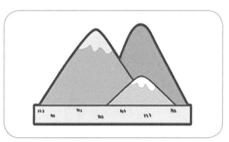

산에서 보았어요

좋은 냄새가 나요

돌멩이는 빼 줘요

물을 잘 주어요

꽃을 예뻐해 줘요

꽃이 시들어요

집 에서 꽃모종 을 함께 심고 싶은 가족 을 생각해 보고 서로 이야기를 나누어요.

엄마	아빠	할머니	할아버지
( )	( )	( )	( )

동생	형	누나	언니
( )	( )	( )	( )

나는   (   )와(과) 함께   꽃모종을 심고 싶어요.

3. 여름 옷차림 명화 퍼즐

활동목표	◉ 명화 속의 여름철 옷차림에 관심을 갖는다. ◉ 명화의 부분을 보고 전체를 완성할 수 있다.
AAC 목표	◉ 교사의 질문을 듣고 AAC 도구를 이용해 대답해 본다. ◉ 여름철 옷에 관심을 갖고 AAC 도구의 상징에서 찾아본다. ◉ 자신의 생각이나 느낌을 AAC 도구를 사용해 표현해 본다.
3세 누리과정 관련 요소	◉ 예술경험: 예술 감상하기-다양한 예술 감상하기 ◉ 자연탐구: 수학적 탐구하기-공간과 도형의 기초개념 알아보기

활동자료

여름 옷차림이 잘 나타나는 명화 사진[메리 카사트(Mary Stevenson Cassatt)의 〈해변의 아이들(Children on the beach)〉, 샐리 스왓랜드(Sally Swatland)의 〈여름날의 바닷가(Summer on Long Island)〉], 4조각으로 만든 명화 퍼즐 사진

활동방법

활동방법	Tips
👕 여름 옷차림 관련 명화를 보여 주며 이야기를 나눈다. • 이곳은 어디일까? AAC-1 • 이 그림에서 아이들이 무엇을 하고 있니? AAC-1 • 이 그림에 있는 아이들이 어떤 옷을 입고 있니? AAC-1 • 이 그림에 있는 아이들은 왜 반바지를 입고 소매가 짧은 옷을 입고 있을까? AAC-2 • 모자를 쓰고 있는 아이도 있구나. 왜 모자를 썼을 것 같니? AAC-2	– 사전활동으로 친구들과 명화 속 어린이들이 무슨 생각과 말을 하고 있을지 생각해 보며 명화를 자세히 관찰할 수 있는 기회를 제공한다. – 유아가 여름 옷차림에 집중하여 볼 수 있도록 선과 색이 명료한 명화 자료를 준비한다.

 	– 유아가 AAC 도구를 사용해 대답할 때 선택항목들을 잘 관찰하여 선택할 수 있도록 안내한다(예: 긴팔 옷 vs 반팔 옷).
🎁 여름 명화 퍼즐을 유아가 자유롭게 맞춰 보도록 안내한다. • 이 조각들을 맞춰 그림을 완성할 수 있겠니? AAC-1	– 명화와 퍼즐을 함께 보여 주어 완성본을 이해할 수 있게 한다. – 유아에 따라 퍼즐의 난이도를 조정하여 제공한다.
🎁 퍼즐 조각을 맞춰 그림을 완성해 본다. • 이 그림 옆에는 어떤 퍼즐 조각이 필요할까? AAC-2	– 퍼즐 조각을 맞출 때 유아 자신의 의견을 AAC 도구를 통해 적극적으로 표현하여 중도에 포기하지 않도록 지원한다(예: "도와주세요." "제가 할게요."). – 후속활동으로 바닷가에 놀러 갈 때 갖고 가고 싶은 물건의 그림들에 대해 이야기를 나눌 수 있는 기회를 제공한다.

🧑 평가

활동평가	• 명화 속의 여름철 옷차림에 관심을 갖는지 평가한다. • 명화의 부분을 보고 전체 퍼즐을 완성하는지 평가한다.
AAC 평가	• 교사의 질문을 이해하고 AAC 도구를 이용해 대답해 볼 수 있는가? • 여름철 옷에 관심을 갖고 구별하여 AAC 도구에서 찾아볼 수 있는가? • 자신의 생각이나 느낌을 AAC 도구를 사용해 표현해 볼 수 있는가?

AAC 단계별 활동어휘목록

AAC-1	바닷가, 모래놀이, 물놀이, 반팔 옷, 긴팔 옷, 네, 아니요
AAC-2	날씨가 더워서요, 날씨가 추워서요, 햇볕이 너무 뜨거워서요, 잘 모르겠어요, 도와주세요, 제가 할게요, 그만하고 싶어요

바닷가

모래놀이

물놀이

반팔 옷

긴팔 옷

네

아니요

날씨가 더워서요

날씨가 추워서요

햇볕이 너무 뜨거워서요

잘 모르겠어요

도와주세요

제가 할게요

그만하고 싶어요

🎨 명화 속에 있는 친구들이 무슨 말을 하고 있을지 자세히 보고 생각해 보아요.

메리 카사트의 〈해변의 아이들〉

샐리 스왓랜드의 〈여름날의 바닷가〉

바닷가 🏝️ 에 놀러 갈 때 갖고 가고 싶은 물건의 그림들을 골라서 동그라미표를 그리고 서로 이야기를 나누어요.

모자	모래놀잇감	튜브	남자 수영복
( )	( )	( )	( )

여자 수영복	슬리퍼	물안경	수영모자
( )	( )	( )	( )

4. 여름 날씨와 옷차림

활동목표	⊙ 여름 날씨의 특징을 안다. ⊙ 여름 날씨에 적합한 옷차림에 대해 관심을 갖는다. ⊙ 여름 날씨에 대한 자신의 경험과 생각을 말한다.
AAC 목표	⊙ 여름 날씨의 특징에 관심을 가지며 교사의 질문을 듣고 AAC 도구를 사용하여 대답해 본다. ⊙ 자신이 입은 옷과 신발을 관찰하고 교사의 질문에 AAC 도구를 이용해 대답해 본다. ⊙ 자신의 생각이나 느낌을 AAC 도구를 사용하여 표현해 본다.
3세 누리과정 관련 요소	⊙ 신체운동 · 건강: 건강하게 생활하기-질병 예방하기 ⊙ 의사소통: 말하기-느낌, 생각, 경험 말하기 ⊙ 자연탐구: 과학적 탐구하기-자연현상 알아보기

👤 활동자료

여름 날씨와 옷차림에 관련된 사진

👤 활동방법

활동방법	Tips
👜 아침 날씨가 어떠하였는지에 대해 이야기를 나눈다. 　• 오늘 아침 날씨가 어땠니? AAC-2 　• 바람이 불었니? 햇볕이 많이 뜨거웠니? 비가 왔었니? AAC-1	– 유아의 경험에 기초하도록 아침에 찍은 날씨 사진을 보여 주거나 창문을 통해 날씨를 관찰하게 한 후 그림 상징과 연결시켜 준다. – 유아에 따라 질문의 난이도를 조정한다.

🎁 여름 날씨와 관련된 사진을 보여 주며 여름 날씨의 특징에 대해 이야기를 나눈다. • 이 사진에서 날씨가 어떤 것 같니? AAC-2 • 햇빛이 뜨겁게 비치는 더운 날(비가 많이 오는 날, 비바람이 세게 부는 날)은 기분이 어떨까? AAC-2 	– 여름철 날씨의 특징이 명확하게 보이는 사진이나 동영상을 준비한다. – 여름철 날씨에 유아가 찍힌 사진을 준비하여 그때의 경험을 회상하도록 도와줄 수도 있다.
🎁 여름의 다양한 날씨 변화에 따른 적합한 옷차림에 대해 이야기를 나눈다. • 햇빛이 쨍쨍 비치고 있지? 이렇게 더운 날에는 어떤 옷차림을 하면 좋을까? • 더운 여름날에 바닷가나 수영장에 가려면 어떤 옷을 준비해야 할까? AAC-2 • 비 오는 날(바람이 많이 부는 날)에는 어떤 옷차림을 하고 밖에 나가면 좋을까? AAC-2 	– 여름의 다양한 날씨에 어울리는 옷을 입은 사람들이 담긴 사진을 보여 주어 이해를 돕는다. – 언어나 손의 사용이 어려운 유아의 경우 다양한 AAC 도구를 사용하여 대답하도록 할 수도 있다(예: 마우스스틱).
🎁 유아가 입은 옷을 자세히 탐색해 보도록 하고 날씨와 관련지어 이야기를 나눈다. • 오늘 너희가 입고 온 옷을 잘 살펴보자. 어떤 옷을 입었니? AAC-1 • 소매 없는 옷이나 반바지를 입고 오니까 어떤 것 같니? AAC-2	– 유아가 옷의 명칭을 잘 모를 경우 교사가 반복하여 알려 주며 이름에 익숙해질 수 있게 한다. – 질문의 의도를 잘 이해하지 못할 경우 긴팔 옷을 미리 준비하여 입어 보고 비교하여 대답할 수 있게 도와준다. – 선택항목이 많아 유아가 AAC 도구를 통해 대답하기 어려우면 선택항목의 수를 줄여 준다.

👟 유아가 신고 온 신발과 날씨를 관련지어 이야기를 나눈다.

- 오늘 날씨가 많이 덥지? 너희는 오늘 어떤 신발을 신고 왔니? AAC-1
- 슬리퍼나 샌들을 신으니까 어떤 것 같니? AAC-2
- 오늘은 아침부터 비가 내리고 있구나. 너희는 어떤 신발을 신고 왔니? AAC-1

– 유아와 친구들이 신고 온 신발을 직접 보여 주며 활동의 이해도를 높여 준다. 겨울에 신는 두꺼운 신발들을 함께 보여 주어 여름 신발들과 비교해 보며 이해를 도울 수도 있다.

– 후속활동으로 친구가 입고 온 여름옷이나 신발 등을 함께 관찰하고 AAC를 통해 이야기 나누기를 할 수 있다.

👤 평가

활동평가	• 여름 날씨의 특징을 아는지 평가한다. 1) 여름에는 날씨가 덥다는 것을 아는가? 2) 여름에는 비가 많이 온다는 것을 아는가? • 여름 날씨에 적합한 옷차림에 관심을 갖는지 평가한다. 1) 더운 날, 비가 오는 날, 바람 부는 날의 옷차림에 대해 관심을 갖는가? 2) 여름 날씨에 맞게 신발을 신는 것에 관심을 갖는가? • 여름 날씨에 대한 자신의 경험과 생각을 말하는지 평가한다.
AAC 평가	• 여름 날씨의 특징에 대해 관심을 가지며 교사의 질문을 이해하고 AAC 도구를 사용하여 대답할 수 있는가? • 자신이 입은 옷과 신발을 관찰하고 AAC 도구를 이용해 대답할 수 있는가? • 자신의 생각이나 느낌을 AAC 도구를 사용하여 표현할 수 있는가?

AAC 단계별 활동어휘목록

AAC-1	네, 아니요, 반팔 옷, 비옷, 원피스, 반바지, 치마, 샌들, 슬리퍼, 장화
AAC-2	바람이 불었어요, 햇볕이 뜨거웠어요, 비가 왔어요, 바람이 불어요, 햇볕이 뜨거워요, 비가 내려요, 기분이 좋아요, 기분이 나빠요, 반팔 옷을 입어요, 수영복을 준비해요, 비옷을 입어요, 시원해요

네	아니요
반팔 옷	비옷
원피스	반바지
치마	샌들
슬리퍼	장화

바람이 불었어요

햇볕이 뜨거웠어요

비가 왔어요

바람이 불어요

햇볕이 뜨거워요

비가 내려요

기분이 좋아요

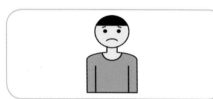

기분이 나빠요

반팔 옷을 입어요

수영복을 준비해요

비옷을 입어요

시원해요

🧺 여름철 날씨 중 어떤 날씨가 좋은지 친구들과 이야기를 나누어요.

| 햇볕이 쨍쨍한 날 | 비가 오는 날 | 바람이 부는 날 |
| ( ) | ( ) | ( ) |

🧺 햇볕 ☀️ 이 쨍쨍할 때 어디로 놀러 가고 싶은지 친구들과 함께 이야기를 나누어요.

| 산 | 강 | 놀이공원 | 바닷가 |
| ( ) | ( ) | ( ) | ( ) |

🧺 여름철에 놀러 갈 때 입고 싶은 옷을 골라 보고 서로 이야기를 나누어 보아요.

민소매 옷 ( )　　반팔 옷 ( )

치마 ( )　　원피스 ( )　　반바지 ( )

5. 수박 바 만들기

활동목표	◉ 수박의 변화과정에 관심을 갖는다. ◉ 요리과정에서 도구를 적절하게 활용할 수 있다. ◉ 요리를 통해 만든 음식을 바르게 먹는다.
AAC 목표	◉ 요리활동에 필요한 재료와 준비과정에 대해 관심을 갖고 AAC 도구를 사용하여 교사의 질문에 대답해 본다. ◉ 수박이 변화되는 과정에 대한 생각을 AAC 도구를 이용해 대답해 본다. ◉ 요리활동 중 느끼는 자신의 생각이나 느낌을 AAC 도구를 사용해 표현해 본다.
3세 누리과정 관련 요소	◉ 신체운동 · 건강: 건강하게 생활하기-바른 식생활하기 ◉ 자연탐구: 과학적 탐구하기-물체와 물질 알아보기 ◉ 자연탐구: 과학적 탐구하기-간단한 도구와 기계 활용하기

👤 활동자료

요리 순서도 PPT, 4~5인분 기준의 재료(수박 4~5조각, 식수 4~5 큰 숟가락), 믹서, 얼음과자 용기, 도마, 플라스틱 칼, 큰 숟가락, 접시

👤 활동방법

활동방법	Tips
🎒 여름철 과일에 무엇이 있는지 이야기를 나눈다. 　• 여름에는 어떤 과일을 먹니? AAC-1	– 가정에서 혹은 유치원에서 어제 먹었던 과일이 무엇이었는지 회상하여 AAC 도구를 사용하여 대답하게 한다. 유아의 이해를 돕기 위해 가정이나 유치원에서 여름 과일을 먹는 모습의 사진자료를 활용할 수도 있다. – 유아가 선호하는 여름 과일을 사전에 조사하여 AAC 도구에서 유아가 찾을 수 있도록 준비한다.

	– 유아에 따라 과일 이름을 추가하여 AAC 도구에 넣어 줄 수도 있다.
🎁 수박으로 할 수 있는 요리에 대해 이야기를 나눈다. • 수박으로 어떤 요리를 할 수 있을까? AAC-1 • 수박 바를 먹어 본 적이 있니? AAC-1	– 수박으로 만든 음식 사진들을 준비하여 한 장씩 보여 준다.
🎁 수박 바를 만들 준비를 한다. • 수박 바(아이스크림)는 어떻게 만들어야 할까? AAC • 맛있는 수박 바를 만들기 위해서 어떻게 하면 좋을까? AAC-2 • 어떤 재료와 도구를 이용해서 수박 바를 만들 수 있을까? AAC • 수박 바를 만들려면 어떤 준비를 해야 할까? AAC-2	– 유아에게 수박 바를 만들기 위한 재료와 도구가 익숙하지 않은 경우 사진이나 실물을 미리 보여 주며 이름을 알려 준다.
🎁 요리 순서도를 보여 주며 수박 바를 만드는 과정에 대해 알아보고 요리를 시작한다. • 수박 바를 만들기 위해서 무엇을 가장 먼저 해야 할까? AAC-2 • 수박 바 만들기를 할 때 주의해야 할 점은 무엇이 있을까? AAC-2 • 수박씨는 어떻게 했으면 좋겠니? AAC-2	– 교사가 요리 순서에 따라 시각자료를 함께 보여 주며 순서를 이해할 수 있도록 도와준다. – 요리활동 중 다음 순서에 대한 답을 AAC 도구를 통해 유아 스스로 할 수 있는 기회를 제공한다. – 요리과정 중에 유아나 친구의 도움이 필요할 때 AAC 도구를 사용하여 상호작용이 일어날 수 있도록 한다(예: "도와줄까?" 혹은 "도와줄래?").

수박 바 만들기

⊙ 재료

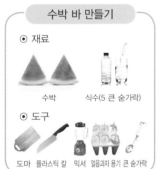

수박　　　식수(5 큰 숟가락)

⊙ 도구

도마　플라스틱 칼　믹서　얼음과자 용기　큰 숟가락

수박 바 만드는 방법

1. 도마 위에 수박 한 조각을 올리고 플라스틱 칼을 이용해 수박을 작게 자른다.

2. 자른 수박을 믹서에 넣는다.

3. 물을 믹서에 넣고 수박과 함께 갈아 준다.

4. 간 수박을 얼음과자 용기에 천천히 넣는다.

5. 얼음과자 용기에 넣은 수박을 냉동실에 하루 정도 얼린다.

6. 냉동실에서 수박 바를 꺼내어 확인하고 맛있게 먹는다.

🎁 얼린 수박 바를 꺼내 먹으면서 이야기를 나눈다.

- 처음에 커다란 조각이었던 수박을 믹서에 넣어 갈았더니 어떻게 되었니? AAC-2
- 믹서에 간 수박을 냉동실에 넣었더니 어떻게 변했니? AAC-2
- 수박 바의 맛이 어떠니? AAC-1

– 수박의 상태 변화에 대한 대답을 어려워할 경우 교사가 모델링을 보여 준다(예: "수박을 믹서에 넣어 갈았더니 물로 변했어요.").
– 후속활동으로 간식 시간에 여름 과일을 먹을 때 유아의 느낌과 생각을 AAC 도구를 사용하여 대답하게 할 수 있다.
– 가장 선호하는 과일은 무엇이며 다음엔 어떤 과일로 아이스크림을 만들어 보고 싶은지 활동지를 통해 후속활동을 해 볼 수 있다.

👤 평가

활동평가	• 수박의 변화과정에 관심을 갖는지 평가한다.
	  1) 수박을 믹서에 갈았을 때의 변화에 관심을 갖는가?
	  2) 갈아진 수박을 냉동실에 넣었을 때의 변화에 관심을 갖는가?
	• 요리과정에서 상황에 맞게 적절한 도구를 사용하는지 평가한다.
	• 요리를 통해 만든 음식을 바른 태도로 먹는지 평가한다.

AAC 평가	• 요리활동에 필요한 재료와 준비과정에 대해 관심을 갖고 AAC 도구를 사용하여 대답할 수 있는가? • AAC 도구를 이용하여 수박이 변화되는 과정에 대한 생각과 느낌을 표현할 수 있는가? • 요리활동 중 느끼는 자신의 생각이나 느낌을 AAC 도구를 사용해 표현할 수 있는가?

AAC 단계별 활동어휘목록

AAC-1	수박, 복숭아, 참외, 자두, 주스, 아이스크림, 네, 아니요, 도와줄까?, 도와줘, 괜찮아, 고마워, 맛있어요, 맛없어요, 맛이 이상해요, 더 먹고 싶어요
AAC-2	수박을 준비해요, 잘 모르겠어요, 설탕을 넣어요, 손을 씻어요, 앞치마를 입어요, 칼 조심해요, 믹서를 조심해요, 수박씨는 휴지통에 넣어요, 수박씨를 모아요, 수박이 작아졌어요, 수박 물로 변했어요, 아이스크림이 되었어요

수박

식수(5 큰 숟가락)

도마

플라스틱 칼

믹서

얼음과자 용기

큰 숟가락

1. 도마 위에 수박 한 조각을 올리고 플라스틱 칼을 이용해 수박을 작게 자른다.

2. 자른 수박을 믹서에 넣는다.

3. 물을 믹서에 넣고 수박과 함께 갈아 준다.

4. 간 수박을 얼음과자 용기에 천천히 넣는다.

5. 얼음과자 용기에 넣은 수박을 냉동실에 하루 정도 얼린다.

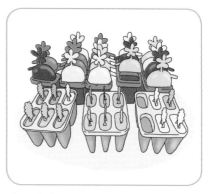

6. 냉동실에서 수박 바를 꺼내어 확인하고 맛있게 먹는다.

수박	복숭아
참외	자두
주스	아이스크림
네	아니요
도와줄까?	도와줘

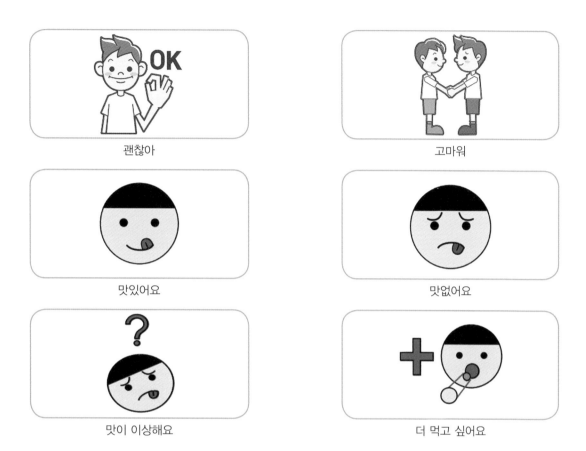

괜찮아

고마워

맛있어요

맛없어요

맛이 이상해요

더 먹고 싶어요

수박을 준비해요

잘 모르겠어요

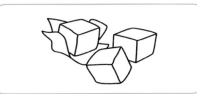

설탕을 넣어요

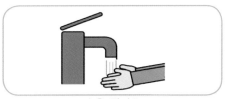

손을 씻어요

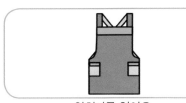

앞치마를 입어요

칼 조심해요

믹서를 조심해요

수박씨는 휴지통에 넣어요

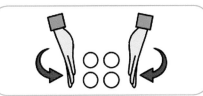

수박씨를 모아요

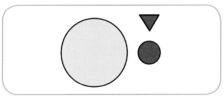

수박이 작아졌어요

수박 물로 변했어요

아이스크림이 되었어요

아이스크림 🍦 으로 만들고 싶은 과일 그림을 골라서 동그라미표를 그리고 서로 이야기를 나누어요.

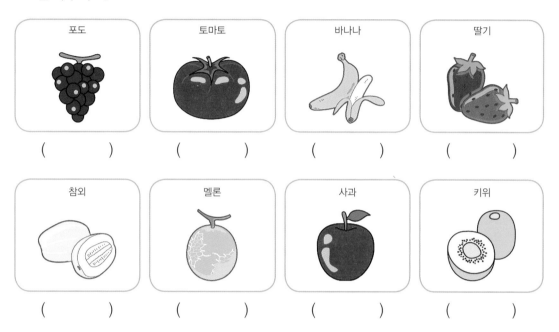

포도	토마토	바나나	딸기
( )	( )	( )	( )
참외	멜론	사과	키위
( )	( )	( )	( )

내가 만든 아이스크림 🍦 을 주고 싶은 친구들이 누구인지 이야기를 나누어 보아요.

내가 만든   아이스크림을   ( )에게 주고 싶어요.

6. 가을 과일 맛보기

활동목표	◉ 궁금한 점을 알아보는 것에 흥미를 갖는다. ◉ 과일의 특성을 안다. ◉ 미각을 활용하여 다양한 종류의 맛을 구별하고 느낌을 이야기한다.
AAC 목표	◉ 과일의 특성(예: 맛, 색깔, 냄새, 모양, 크기)에 관심을 가지고 차이를 구별해 보며 AAC 도구를 사용하여 표현해 본다. ◉ 과일을 탐색하며 느낀 자신의 생각이나 느낌을 AAC 도구를 사용하여 표현해 본다.
3세 누리과정 관련 요소	◉ 신체운동 · 건강: 신체 인식하기−감각능력 기르고 활용하기 ◉ 의사소통: 말하기−느낌, 생각, 경험 말하기 ◉ 자연탐구: 탐구하는 태도 기르기−호기심을 유지하고 확장하기 ◉ 자연탐구: 과학적 탐구하기−물체와 물질 알아보기

활동자료

감, 배, 사과(각 1개씩 씻어서 준비/ 맛볼 수 있도록 한 입 크기로 자른 것을 과일별로 각각 20개씩 밀폐용기에 나누어 담아 준비하기), 작은 일회용 포크

활동방법

활동방법	Tips
🎒 가을에 수확하는 과일을 보며 이야기를 나눈다. 　• 가을에는 어떤 과일들을 많이 먹을 수 있을까? AAC-1 　• 이런 과일들을 본 적이 있니? AAC-1 AAC-2	− 가정에서 혹은 유치원에서 먹었 　던 과일이 무엇이었는지 회상하 　여 AAC를 통해 대답하게 한다. 　유아가 가정에서 해당 과일을 먹 　는 모습의 사진을 사전에 준비할 　수도 있다. − 주의집중이 어려운 유아를 위해 선 　호하는 가을 과일을 준비해 둔다.

🎁 사과를 관찰하고 맛을 본다. • 이 과일 이름은 무엇이니? AAC-1 • 사과 껍질 색깔은 어떠니? 만져 보면 어떤 느낌일까? 한 번 만져 보자. AAC-1 AAC-2 • 냄새를 맡아 보자. 어떤 냄새가 나니? AAC-2 • 맛은 어떨까? AAC-2 • 사과를 한 조각 먹어 보고, 어떤 맛인지 이야기해 보자. AAC-1	– 과일을 탐색한 후의 느낌을 AAC 도구에서 찾아 대답해 볼 수 있도록 도와준다. – 교사의 질문에 대답하기 어려워 할 때 유아의 반응을 민감하게 관찰한 후 해당되는 유아의 느낌을 AAC 도구로 표현하는 모델링을 보여 준다.
🎁 배를 관찰하고 맛을 본다. • 이 과일 이름을 아는 사람이 있니? AAC-1 • 배 껍질은 무슨 색이니? AAC-1 • 한번 만져 보자. 느낌이 어떠니? 사과와는 어떻게 다르니? AAC-2 • 사과와 비슷한 점도 찾아볼까? AAC-2 • 배를 한 조각 먹어 보자. 어떤 맛이 나니? 사과와는 맛이 어떻게 다르니? AAC-2	– 유아에 따라 질문의 난이도를 조정한다. – 과일 이름을 배우고 있는 유아의 경우 반복적으로 말해 주어 과일 이름을 습득하게 한다.
🎁 감을 관찰하고 맛을 본다. • 이 과일 이름은 무엇일까? AAC-1 • 사과, 배와는 어떤 점이 다르니? 사과나 배와 비슷한 점이 있니? AAC-2 • 감은 무슨 색이니? AAC-1 • 만져 보면 느낌이 어떨까? 사과, 배와는 어떻게 다르니? AAC-2 • 감의 맛은 어떨까? 먹어 보고 말해 보자. AAC-1	– 직접 과일들을 만져 보고 비교할 때 과일들의 특징과 비교한 내용에 대해 교사가 계속 이야기해 주어 반복적으로 들을 수 있도록 한다(예: "사과와 배가 모두 동글동글해요." "배가 더 커요."). – 명확한 크기 비교를 위해 크기 차이가 확실한 과일들을 준비하여 나란히 놓고 비교할 수 있게 한다. – 가장 맛있었던 혹은 선호하는 과일이 무엇인지 친구와 상호작용하도록 추가 질문을 할 수 있다.

평가

활동평가	• 궁금한 것에 대해 알아보는 것에 흥미를 갖는지 평가한다. • 과일의 특성(모양, 색, 맛)을 아는지 평가한다. • 다양한 종류의 맛을 구별하고 느낌을 이야기하는지 평가한다. 　1) 다양한 종류의 맛을 구별하는가? 　2) 다양한 종류의 맛에 대한 느낌을 이야기하는가?
AAC 평가	• 과일의 특성(예: 맛, 색깔, 냄새, 모양, 크기)에 관심을 가지고 살펴보고 비교하여 AAC 도구를 통해 표현할 수 있는가? • 과일을 탐색한 후 자신의 생각이나 느낌을 AAC 도구를 사용하여 표현할 수 있는가?

AAC 단계별 활동어휘목록

AAC-1	배, 감, 사과, 네, 아니요, 모르겠어요, 빨간색, 주황색, 노란색, 맛있어요, 맛없어요
AAC-2	집에서 보았어요, 마트에서 보았어요, 맛있는 냄새가 나요, 맛있을 것 같아요, 느낌이 좋아요, 느낌이 안 좋아요, 제일 맛있어요, 모두 맛있어요, 사과와 배가 동글동글해요, 사과, 감, 배 모두 동글동글해요, 배가 더 커요/사과가 더 작아요, 감이 제일 작아요

사과

배

감

네

아니요

모르겠어요

빨간색

주황색

노란색

맛있어요

맛없어요

집에서 보았어요

마트에서 보았어요

맛있는 냄새가 나요

맛있을 것 같아요

느낌이 좋아요

느낌이 안 좋아요

나는

사과가 제일

배가 제일

감이 제일

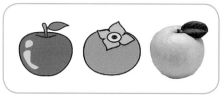

모두

맛있어요

사과와 배가 동글동글해요

배가 더 커요 / 사과가 더 작아요

감이 제일 작아요

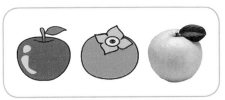

사과, 감, 배 모두 동글동글해요

배가 더 커요 / 감이 더 작아요

🛒 먹고 싶은 가을 과일 에 동그라미표를 그리고 이야기를 나누어 보아요.

사과 (   )   감 (   )   배 (   )

포도 (   )   석류 (   )   밤 (   )

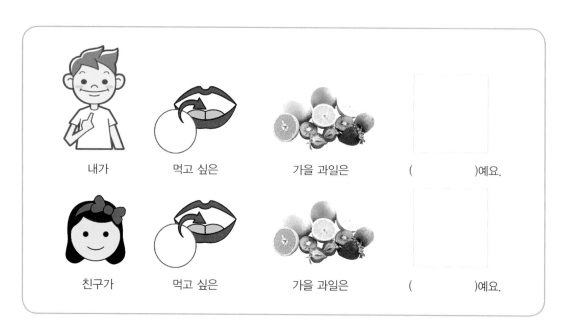

내가   먹고 싶은   가을 과일은   (   )예요.

친구가   먹고 싶은   가을 과일은   (   )예요.

7. 따로 또 같이

활동목표	◉ 가을 풍경의 아름다움을 느끼고 즐긴다. ◉ 다양한 색을 사용하여 가을의 아름다움을 표현한다. ◉ 다른 사람과 협력하여 풍성한 작업물을 만드는 경험을 한다.
AAC 목표	◉ 산책을 다녀와서 본 것들에 대해 AAC 도구를 이용해 표현해 본다. ◉ 나뭇잎과 한지의 색을 관찰하고 AAC 도구에서 같은 색 상징을 찾아본다. ◉ 자신의 생각이나 느낌을 AAC 도구를 이용해 표현해 본다.
3세 누리과정 관련 요소	◉ 사회관계: 다른 사람과 더불어 생활하기-공동체에서 화목하게 지내기 ◉ 예술경험: 아름다움 찾아보기-미술적 요소 탐색하기 ◉ 예술경험: 예술적 표현하기-미술활동으로 표현하기

👤 활동자료

가을 풍경 사진, A4용지 크기의 흰색 한지(유아 수만큼 준비), 가을 느낌이 나는 색의 조각 한지, 풀

👤 활동방법

활동방법	Tips
📷 가을 동산에 산책을 다녀와서 찍은 사진을 감상한다. • 가을 동산에서 어떤 것들을 보았니? AAC-2 	− 회상을 돕기 위해 산책 시 찍었던 풍경 사진이나 갖고 온 실물들(예: 나뭇잎, 도토리 등)을 미리 준비한다.
📷 가을의 느낌을 나타내는 색에 대해 이야기를 나눈다. • (사진을 제시하며) 산책하면서 올려다본 하늘은 무슨 색깔이었니? AAC-1	− 실물이나 사진들을 직접 보여 주고 유아 스스로 색을 확인하며 대답해 볼 수 있도록 한다.

• 어떤 색의 나뭇잎들을 보았니? AAC-1 • 나뭇잎이 쌓인 산책길은 어떤 색이었니? AAC-1 • 도토리나 솔방울 같은 열매들의 색은 어땠니? AAC-1	– 처음에는 유아에게 친숙한 색 위주로 질문하고, 선택 시 어려워하면 선택할 범주의 수를 줄여 제공한다. – 언어나 몸짓으로 선택하기 어려운 유아의 경우 고갯짓 또는 시선으로 선택할 수 있도록 지원한다(예: E-tran).
🎁 발 만들기 활동을 계획한다. • 우리 함께 가을의 느낌이 나는 발을 만들어 교실에 장식해 보자. • (A4용지 크기의 한지를 보여 주며) 모두 같은 크기의 조각보를 하나씩 만든 후에 이어 붙이면 멋진 발을 만들 수 있겠다.	– 완성된 발의 모습을 보여 주며 활동에 대한 이해를 돕는다. – 유아에 따라 발 만들기 순서도를 제시해 주면 더욱 활동에 대한 이해도를 높일 수 있다.
🎁 조각보 만들기 개별 작업을 한다. • 이 한지는 무엇의 색과 비슷하니? AAC-1 • 어느 부분에 어떤 색 한지를 붙이면 좋을까? AAC-1 • 풀로 조각 한지를 붙여 보자. • 다른 색 한지도 찾아 붙여 보자.	– 유아가 활동 시 필요한 어휘를 추가하여 제공할 수도 있다(예: "한지 더 주세요." "풀 주세요."). – 활동 중 AAC 도구를 사용하여 친구와 상호작용할 수 있는 환경을 만들어 준다(예: 도구를 유아의 수보다 적게 제공하기).
🎁 유아들이 만든 조각보를 이어 붙여 발을 만들어 장식한다. • 각자 만든 조각보를 이어 붙이려면 어떻게 해야 할까? AAC-2 • 완성된 발을 어디에 두고 보면 좋을까? AAC-2 • 우리가 힘을 합해 만든 발을 보니 기분이 어떠니? AAC-2	– 후속활동으로 유아가 입고 있는 옷의 색을 보고 AAC 도구를 이용해 대답해 보게 할 수도 있다.

👤 평가

활동평가	• 가을철 풍경의 아름다움을 느끼고 즐기는지 평가한다. 1) 가을철 볼 수 있는 자연의 색에서 아름다움을 느끼는가? 2) 가을 풍경의 아름다움을 즐기는가? • 다양한 색을 사용하여 가을 색의 아름다움을 표현하는지 평가한다. 1) 가을철 자연의 색에 어울리는 다양한 색을 찾아볼 수 있는가? 2) 다양한 색을 사용하여 가을철 자연의 아름다움을 표현하는가? • 다른 사람과 협력하여 풍성한 작업물을 만드는 경험을 갖는지 평가한다.
AAC 평가	• 산책을 다녀와서 본 것들에 대해 AAC를 이용하여 표현할 수 있는가? • 나뭇잎과 한지의 색을 관찰하고 AAC 도구에서 같은 색을 찾을 수 있는가? • 자신의 생각이나 느낌을 AAC 도구를 이용해 표현할 수 있는가?

AAC 단계별 활동어휘목록

AAC-1	하늘색, 파란색, 빨간색, 주황색, 노란색, 갈색, 초록색, 검은색
AAC-2	하늘을 보았어요, 단풍나무를 보았어요, 은행나무를 보았어요, 낙엽을 보았어요, 도토리를 보았어요, 풀로 붙여요, 테이프로 붙여요, 교실 벽에 붙여요, 복도에 붙여요, 창문에 붙여요, 기분이 좋아요, 조각보가 멋져요

하늘색

파란색

빨간색

주황색

노란색

갈색

초록색

검은색

하늘을 보았어요

단풍나무를 보았어요

은행나무를 보았어요

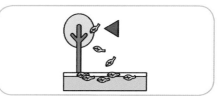

낙엽을 보았어요

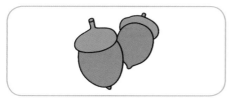

도토리를 보았어요

풀로 붙여요

테이프로 붙여요

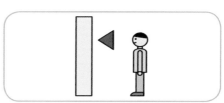

교실 벽에 붙여요

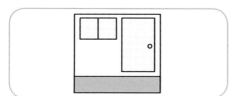

복도에 붙여요

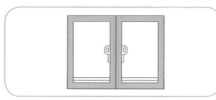

창문에 붙여요

기분이 좋아요

조각보가 멋져요

활동지

📃 내가 좋아하는 계절의 나무는 무엇일까요?

내가   좋아하는 계절의 나무는

봄	여름	가을	겨울
( )	( )	( )	( )

의 나무
입니다.

📃 다음에 발▨▨▨▨을 또 만들게 된다면 어떤 그림을 붙이고 싶은지 동그라미를 그리고 서로 이야기를 나누어 보아요.

뿡뿡이	미키마우스	스펀지밥	신데렐라
( )	( )	( )	( )

코코몽	헬로키티	니모	인어공주
( )	( )	( )	( )

8. 다람 다람 다람쥐

활동목표	⊙ 동시를 듣고 이해한다. ⊙ 동시 듣기와 음악 감상하기를 즐긴다.
AAC 목표	⊙ AAC 도구를 이용하여 수업 시간에 동시를 발표해 본다. ⊙ 동시를 들으며 다람쥐, 달, 알밤 등의 상징을 알아본다. ⊙ 동시를 들은 후 교사의 질문을 듣고 AAC 도구를 사용해 표현해 본다.
3세 누리과정 관련 요소	⊙ 의사소통: 듣기-동요, 동시, 동화 듣고 이해하기 ⊙ 예술경험: 예술 감상하기-다양한 예술 감상하기

활동자료

동시 〈다람 다람 다람쥐〉(박목월), 동시 내용이 담긴 그림과 사진, 동시 배경음악, 동시를 음악과 녹음한 것

활동방법

활동방법	Tips
▣ 가을밤 배경그림 위에 다람쥐 사진과 알밤, 솔방울, 조약돌 사진을 조작하며 동시 내용을 이야기로 들려준다. 〈동시 내용 설명 이야기〉 단풍이 곱게 물든 어느 가을밤이었습니다. 아기 다람쥐는 처음으로 혼자 먹이를 찾아 나섰어요. 숲 속을 걸어가던 아기 다람쥐 앞으로 무엇인가 데구르르 굴러갔어요. "알밤이다! 알밤을 주웠네." 신이 난 다람쥐는 집으로 달려갔습니다. "엄마, 제가 알밤을 찾았어요!" "아가야, 그건 알밤이 아니란다. 그건 조약돌이야." 아기 다람쥐는 다시 먹이를 찾아 나섰습니다. 그때 나무 위에서 '툭' 하고 무엇인가 떨어졌어요. "와! 이건 알밤과 똑같은 색이잖아! 진짜 알밤을 찾았네." 다람쥐는 열매를 들고 신이 나서 엄마에게 뛰어갔습니다. "엄마, 이번에는 진짜 알밤을 찾았어요!" "아가야, 알밤과 똑같이 갈색이지만, 그건 솔방울이란다." 실망한 아기 다람쥐는 터덜터덜 숲 속을 걸어갔어요. 그런데 저 멀리 조약	– 동시에 자주 나오는 단어와 상징들(예: 다람쥐, 솔방울, 알밤 등)을 유아에게 미리 보여 주어 익숙하게 한다. – AAC 도구에 사용되는 상징과 비슷하거나 같은 그림을 사용하여 동시 내용을 이야기로 들려줌으로써 유아의 이해도를 높여 준다.

돌 같기도 하고 솔방울 같기도 한 무엇인가가 보였어요. 아기 다람쥐는 조심조심 가까이 다가갔어요. 가까이 가 보니 그건 조약돌도, 솔방울도 아니었어요. 그것은 바로 밤나무에서 떨어진 알밤이었답니다. 아기 다람쥐는 알밤을 얼른 주웠어요. 집으로 간 아기 다람쥐 가족들과 함께 맛있게 알밤을 나누어 먹었답니다.

🎁 동시를 들려준다.
- '박목월'이라는 분이 어느 가을날, 동화에 나온 아기 다람쥐처럼 열심히 알밤을 모으는 다람쥐의 모습을 보고 이런 시를 지으셨다고 한단다.
- 선생님이 동시를 들려줄게. 잘 들어 보자.

> 〈다람 다람 다람쥐〉
> 박목월
>
> 다람 다람 다람쥐
> 알밤 줍는 다람쥐
> 보름 보름 달밤에
> 알밤 줍는 다람쥐
>
> 알밤인가 하고
> 조약돌도 줍고
> 알밤인가 하고
> 솔방울도 줍고

– 동시를 들려줄 때 AAC 도구에 사용되는 상징들을 함께 보여 주어 상징과 동시 내용에 대한 이해를 돕는다.

🎁 동시를 듣고 난 후, 느낌에 대해 이야기 나눈다.
- 동시를 듣고 나니 어떤 장면이 떠오르니? AAC-1
- 왜 다람쥐는 조약돌 줍고 솔방울도 주웠을까? AAC-2

– 동시와 관련된 장면 그림을 미리 준비하여 이해를 도울 수 있다.
– 유아에 따라 질문의 난이도를 조성한다.

🎁 동시를 낭송한다.
- 선생님이 먼저 한 소절씩 동시를 낭송할 테니 너희들도 함께 낭송해 보자.
- 앞에 나와서 선생님과 함께 동시를 낭송해 보고 싶은 사람이 있니? AAC-1

– 유아가 AAC 도구를 사용하여 동시를 표현할 때, 교사나 친구와 번갈아 가며 낭송하며 즐겁게 참여할 수 있도록 도와준다.

🎁 자유선택활동 시간에 언어영역에서 동시를 감상할 수 있음을 안내한다.
- 동시를 감상할 수 있도록 동시를 음악과 함께 녹음해 두었단다. 동시를 더 감상하고 싶으면 자유선택활동 때 언어영역에서 들어 보자.

– 자유선택활동 시 언어영역에 AAC 도구를 제시해 주어 동시의 핵심 어휘(다람쥐, 알밤, 달 등)의 상징을 찾아보는 활동을 반복하거나 친구에게 동시를 들려줄 수 있는 기회를 제공한다.

👤 평가

활동평가	• 동시를 듣고 내용과 의미를 이해하는지 평가한다. • 동시 듣기와 음악 감상하기를 즐기는지 평가한다. 　1) 동시 듣기를 즐기는가? 　2) 음악 감상하기를 즐기는가?
AAC 평가	• AAC 도구를 사용하여 수업 시간에 동시를 발표할 수 있는가? • 다람쥐, 달, 알밤 등의 상징을 배울 수 있는가? • 동시를 들은 후 교사의 질문을 듣고 AAC 도구를 사용해 표현할 수 있는가?

AAC 단계별 활동어휘목록

AAC-1	엄마 다람쥐, 아기 다람쥐, 알밤, 달밤, 조약돌, 솔방울, 제가 할게요
AAC-2	어두운 밤이라 안 보였어요, 알밤인 줄 알았어요

다람 다람 다람쥐

알밤 줍는 다람쥐

보름 보름 달밤에

알밤 줍는 다람쥐

알밤인가 하고

조약돌도 줍고

알밤인가 하고

솔방울도 줍고

다람쥐

달밤

솔방울

알밤

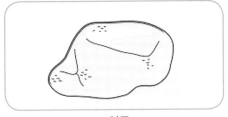

조약돌

제가 할게요

의사소통 상징판 AAC-2

어두운 밤이라 안 보였어요

알밤인 줄 알았어요

🧺 집 🏠 에서 기르고 싶은 동물을 골라 동그라미표를 그리고 서로 이야기를 나누어요.

다람쥐	토끼	강아지	병아리
( )	( )	( )	( )

내가   기르고 싶은 동물은 (   )예요.

친구가   기르고 싶은 동물은 (   )예요.

🧺 해, 달, 별, 구름 중에 좋아하는 것을 골라서 동그라미표를 그리고 친구에게 보여 줘요.

해	달	별	구름
( )	( )	( )	( )

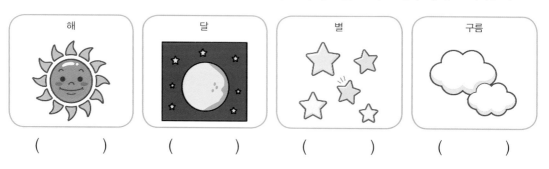

9. 같은 느낌의 장갑끼리 모아요

활동목표	◉ 장갑의 촉감과 모양에 관심을 갖고 알아본다. ◉ 촉감과 시각을 활용하여 물체의 특성을 탐색한다.
AAC 목표	◉ 다양한 종류의 장갑들을 경험해 보고 촉감과 모양을 구별하여 AAC 도구를 이용해 표현해 본다. ◉ 교사의 질문에 대한 자신의 생각이나 느낌을 AAC 도구를 이용해 표현해 본다.
3세 누리과정 관련 요소	◉ 신체운동·건강: 신체 인식하기-감각능력 기르고 활용하기 ◉ 자연탐구: 탐구하는 태도 기르기-호기심을 유지하고 확장하기 ◉ 자연탐구: 과학적 탐구하기-물체와 물질 알아보기

활동자료

여러 가지 촉감과 모양의 장갑 4~5켤레, 네모 모양의 수수께끼 상자

활동방법

활동방법	Tips
🎓 교사는 네모 모양의 상자를 수수께끼 상자로 꾸미고 그 안에 여러 가지 촉감과 모양의 장갑을 넣어 소개한다. • 이 수수께끼 상자를 흔들어 볼게. 이 안에는 무엇이 들어 있을 것 같니? AAC-I • 이 안에는 추운 겨울에 너희 손을 따뜻하게 해 주는 물건이 들어 있단다. 무엇일까? AAC-I • 어떻게 놀이하면 좋을까? AAC-I	– 유아의 생각을 AAC 도구를 사용하여 대답하게 할 때 처음에는 익숙하고 친숙한 상징 위주로 제공한 후 점차 범위를 넓혀 준다. – 활동 설명을 위해 수수께끼 상자에서 장갑을 꺼낼 때, 유아의 장갑을 보여 주어 활동의 흥미를 더해 줄 수도 있다. – 대답하기 어려워할 때 교사가 모델링을 보여 주거나 유아가 선택할 수 있는 범주를 줄여 준다.

🎁 유아들과 촉감 수수께끼를 할 순서를 정한다.	– 선호하는 친구가 먼저 장갑을 꺼내 보는 모습을 보며 활동을 이해하고 흥미를 높일 수도 있다.
🎁 첫 번째 순서의 유아가 수수께끼 상자에 손을 넣고 마음에 드는 장갑 한 짝을 꺼낸다.	
🎁 활동을 하는 유아들과 함께 꺼낸 장갑을 만져 보고 관찰하며 탐색한다. • 손으로 만져 보니 어떤 느낌이니? AAC-2 • 손가락 부분이 하나로 모인 모양의 장갑을 무엇이라고 부르는지 알고 있니? AAC-2 • 손바닥 안에 고무가 붙어 있는 장갑은 언제 쓰면 좋을까? AAC-2	– 다양한 장갑에 대한 이름이나 느낌에 대한 어휘를 새로 배우는 경우 교사가 반복하여 들려줄 수 있다. – 유아의 이해를 돕기 위해 용도가 다른 여러 종류의 장갑 사진을 미리 준비한다(예: 고무장갑, 목장갑).
🎁 다음 순서의 유아가 수수께끼 상자에 손을 넣어 같은 촉감의 장갑을 찾아 꺼낸다. • ○○가 꺼낸 장갑과 같은 느낌인지 만져 볼까?	– 활동 중 상호작용에 필요한 어휘는 추가하여 제공할 수 있다(예: "네 차례야."). – 각 느낌의 비교를 어려워할 경우 각각의 느낌에 대한 대답의 모델링을 보여 준다. – '같다'와 '다르다'의 상징이 유아에게 어려울 경우 유아가 직접 만져 볼 때 각각의 느낌을 함께 말해 준다.
🎁 장갑을 꺼내어 같은 짝의 장갑이면 서로 모아 놓고, 다른 짝의 장갑이면 다시 수수께끼 상자에 넣는다.	
🎁 장갑의 짝을 모두 찾으면 상자에 넣어 정리한다.	– 후속활동으로 친구들이 갖고 온 다양한 장갑들을 보고 만져 본 느낌을 AAC 도구를 통해 이야기하게 할 수 있다.

활동평가	• 장갑의 촉감과 모양에 관심을 갖고 알아보는지 평가한다. • 감각을 이용하여 같은 촉감과 모양의 장갑을 찾는지 평가한다. 　1) 감각을 이용하여 같은 촉감의 장갑을 찾을 수 있는가? 　2) 감각을 이용하여 같은 모양의 장갑을 찾을 수 있는가?
AAC 평가	• 다양한 종류의 장갑들의 촉감과 모양을 탐색해 보고 구별하여 AAC 도구를 사용해 표현할 수 있는가? • 자신의 생각이나 느낌을 AAC 도구를 이용해 표현할 수 있는가?

AAC 단계별 활동어휘목록

AAC-1	과자, 장난감, 색종이, 인형, 색연필, 장갑, 모자, 목도리, 부츠, 모르겠어요
AAC-2	가죽장갑은 부드러워요, 털장갑은 따뜻해요, 고무장갑은 울퉁불퉁해요, 벙어리장갑, 일할 때 사용해요, 친구가 고른 것과 달라요, 친구가 고른 것과 같아요

과자

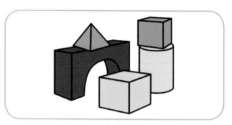

장난감

색종이

인형

색연필

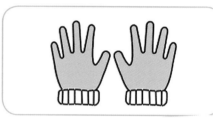

장갑

모자

목도리

부츠

모르겠어요

가죽장갑은 부드러워요

털장갑은 따뜻해요

고무장갑은 울퉁불퉁해요

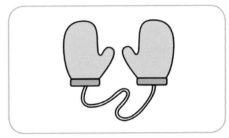

벙어리장갑

일할 때 사용해요

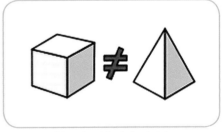

친구가 고른 것과 달라요

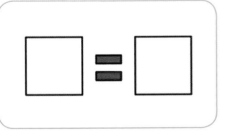

친구가 고른 것과 같아요

9. 같은 느낌의 장갑끼리 모아요 **081**

밖에서 눈사람 을 만들고 싶어요. 따뜻하게 하고 나가기 위해 무엇을 준비하고 싶은 가요?

장갑	목도리	코트	부츠
( )	( )	( )	( )

엄마 에게 선물하고 싶은 장갑은 무엇인가요? 동그라미표를 그리고 이야기해 보아요.

벙어리장갑	손장갑	오븐장갑
( )	( )	( )

위생장갑	털장갑	고무장갑
( )	( )	( )

엄마에게 ( )을 선물하고 싶어요.

10. 동물들의 겨울나기

활동목표	◉ 추운 겨울을 나는 동물의 생활에 관심을 갖는다. ◉ 동물들 중에 겨울잠을 자는 동물과 겨울잠을 자지 않는 동물이 있음을 안다. ◉ 다른 사람의 이야기를 관심 있게 듣고 자신의 생각과 느낌을 말해 본다.
AAC 목표	◉ 교사의 질문을 듣고 자신의 생각이나 느낌을 AAC 도구를 이용해 표현해 본다. ◉ 겨울잠 자는 동물들에 대한 이야기를 듣고 관련된 동물 상징을 찾아본다.
3세 누리과정 관련 요소	◉ 의사소통: 듣기-바른 태도로 듣기 ◉ 의사소통: 듣기-이야기를 듣고 이해하기 ◉ 의사소통: 말하기-느낌, 생각, 경험 말하기 ◉ 자연탐구: 수학적 탐구하기-기초적인 자료 수집과 결과 나타내기 ◉ 자연탐구: 과학적 탐구하기-생명체와 자연환경 알아보기

활동자료

겨울 풍경 동영상, 겨울 풍경 배경사진, 동물 그림(너구리, 개구리, 오소리, 고슴도치, 곰, 뱀, 호랑이, 토끼, 개)

활동방법

활동방법	Tips
🎁 동영상을 보며 추운 겨울을 맞이한 동물들에 대해 이야기를 나눈다. • 날씨가 이렇게 추워지면 우리는 어떻게 이 추위를 이겨낼 수 있을까? AAC-1 AAC-2 • 동물들은 이렇게 추운 겨울을 어떻게 보낼까? AAC-1 AAC-2	– 유아에게 친숙한 겨울 풍경과 겨울을 나는 친숙한 동물 사진과 동영상을 준비한다. – 주의집중이 어려운 유아일 경우 유심히 봐야 할 부분을 짚어 준다. – 유아에 따라 필요한 어휘를 더 넣어 줄 수 있다.

🎁 동물이 왜 겨울잠을 자는지 이야기 나누어 본다. • 동물들의 겨울잠에 대하여 들어 본 적이 있니? AAC-1 • 어떤 동물들이 겨울잠을 자는지 들어 본 적이 있니? AAC-1 • 왜 개구리나 곰 같은 동물들은 추운 겨울이 되면 겨울잠을 잘까? AAC-2 • (개구리 그림을 겨울 배경에 붙이며) 우리는 겨울이 되면 추운 겨울 날씨 때문에 몸도 너무 차가워서 춥지 않은 땅속에서 오랫동안 잠을 잔단다. • (곰 그림을 겨울 배경에 붙이며) 우리는 개구리처럼 겨울잠을 자는 동물들이 많아 겨울에는 먹이가 없어. 그래서 겨울이 오기 전에 많이 먹고, 겨울 동안 푹 잠을 잔단다. • (다른 동물 그림을 겨울 배경에 붙이며) 그럼 이 동물은 왜 겨울잠을 잘 것 같니? AAC-1 AAC-2	− 유아에게 친근한 동물 위주의 상징이나 사진을 먼저 제시해 준다. − 활동 중 새롭게 배우는 어휘는 반복하여 말해 주며 시각자료를 함께 제시한다.
🎁 겨울잠을 자지 않는 동물에 대해 이야기 나누어 본다. • 그런데 모든 동물들이 다 겨울잠을 잘까? AAC-1 • 그럼 다른 동물들은 어떨까? AAC-1 • (다른 여러 동물 그림을 붙이며) 여기에 있는 동물들은 어떨까? AAC-1 AAC-2 • 이 중에서 어떤 동물이 겨울잠을 자지 않을 것 같니? AAC-1	− 유아에 따라 질문의 난이도나 동물의 개수를 조정하여 대답할 수 있도록 한다. − 유아가 답을 모르는 경우 교사가 동물 상징을 짚어 줄 수도 있다.
🎁 겨울잠을 자지 않는 동물들의 겨울나기를 도울 수 있는 방법에 대해 이야기 나눈다.	− 후속활동으로 가정에서 기르는 애완동물이 겨울잠을 자는지 알아보고 AAC 도구를 이용하여 친구들과 이야기해 볼 수 있다.

👤 평가

활동평가	• 추운 겨울을 나는 동물들의 생활에 관심을 갖는지 평가한다. 1) 우리 주변 동물의 겨울나기에 관심을 갖는가? 2) 동물의 겨울나기를 도와줄 수 있는 방법에 흥미를 갖게 되었는가? • 동물들 중에 겨울잠이 필요한 동물과 그렇지 않은 동물을 분류하는지 평가한다.

	• 친구들의 이야기를 잘 듣고 자신의 생각을 잘 표현하는지 평가한다.
	1) 친구들의 이야기를 주의 깊게 듣는가?
	2) 자신의 생각과 느낌을 제대로 표현하는가?
AAC 평가	• 교사의 질문을 듣고 자신의 생각이나 느낌을 AAC 도구를 이용해 표현할 수 있는가?
	• 겨울잠 자는 동물들의 이야기를 듣고 관련된 동물 상징을 찾을 수 있는가?

AAC 단계별 활동어휘목록

AAC-1	네, 아니요, 모르겠어요, 개, 호랑이, 토끼, 모자, 목도리, 부츠
AAC-2	따뜻한 옷을 입어요, 난로를 켜요, 장갑을 끼워요, 목도리를 해요, 부츠를 신어요, 모자를 써요, 땅속으로 들어가요, 동굴로 들어가요, 나무속으로 들어가요, 추워서요, 배고파서요, 겨울잠을 잘 것 같아요, 겨울잠을 안 잘 것 같아요

의사소통 상징판 AAC-1

네

아니요

모르겠어요

개

호랑이

토끼

모자

목도리

부츠

따뜻한 옷을 입어요

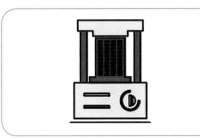

난로를 켜요

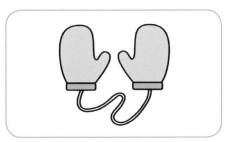

장갑을 껴요

목도리를 해요

부츠를 신어요

모자를 써요

땅속으로 들어가요

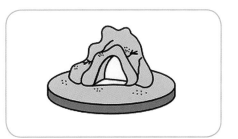

동굴로 들어가요

나무속으로 들어가요

추워서요

배고파서요

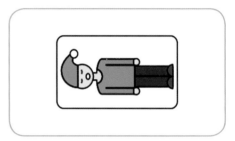

겨울잠을 잘 것 같아요

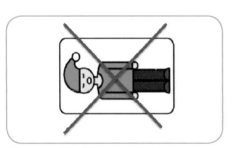

겨울잠을 안 잘 것 같아요

🏀 겨울잠 자는 동물들 중 내가 좋아하는 동물과 친구가 좋아하는 동물이 무엇인지 이야기를 나눠요.

🏀 겨울잠을 자지 않는 동물들 중 겨울에 함께 놀고 싶은 동물은 무엇인가요?

제3장

4세 활동서

1. 우리 동네 수수께끼

활동목표	⊙ 유치원/어린이집 주변의 모습에 관심을 갖는다. ⊙ 장소에 대한 설명을 듣고 해당되는 주변 장소를 찾는다.
AAC 목표	⊙ 우리 동네 주변에서 볼 수 있는 친숙한 곳을 AAC 상징에서 찾는다. ⊙ 우리 동네 친숙한 곳에 관심을 갖고 자신의 경험을 이야기할 수 있다.
4세 누리과정 관련 요소	⊙ 의사소통: 듣기-낱말과 문장 듣고 이해하기 ⊙ 의사소통: 읽기-주변에서 친숙한 글자 찾기 ⊙ 사회관계: 사회에 관심 갖기-지역사회에 관심 갖고 이해하기

🔲 활동자료

유치원/어린이집 주변 장소 사진(우체국, 지하철, 미용실, 버스정류장, 목욕탕 등)으로 만든 동네 배경판, 수수께끼 카드, 기관마크

🔲 활동방법

활동방법	Tips
🎁 유치원/어린이집 주변에서 본 것에 대해 이야기를 나눈다. • 유치원/어린이집에 올 때 무엇을 보았니? AAC-2 • 유치원/어린이집에서 가장 큰 건물은 무엇일까?	– 우리 동네를 둘러보고 난 뒤에 활동을 한다.
🎁 동네 모습 배경판을 보고 이야기를 나눈다. • 유치원/어린이집 주변에서 이런 곳을 본 적이 있니? • ○○에서 무엇을 보았니? AAC-1 • ○○은 무엇을 하는 곳일까? AAC-2 • 우리 동네 주변에서 또 본 적이 있는 곳은 어디니?	– 우리 동네의 사진으로 대체하여 상징을 제시한다.
🎁 수수께끼 카드를 하나 뽑아서 질문을 한다. • 카드에 씌어 있는 내용을 잘 듣고 수수께끼를 풀어 보자. • 이곳은 내가 아플 때 가는 곳이에요. 어디일까요? AAC-1 (이곳에 가면 의사선생님이 있어요. 어디일까요?) ※ 주변의 장소에 해당되는 그림 카드를 찾아본다.	– 유아의 반응에 따라 질문을 구체적으로 한다. – 반응이 없으면, 그림카드와 같은 이미지를 AAC 도구에서 찾아보도록 한다.

🎁 우리 동네 정답 그림판을 보며 내가 선택한 것과 비교해 본다.	– 유아가 스스로 상징을 선택할 수 있도록 기다려 준다.
• 여기에 선택한 것이 맞는지 한번 확인해 볼까?	
• 이곳은 무엇을 하는 곳이니? AAC-1	
(불이 났을 때는 어디에 신고해야 할까?)	
• 이곳에 가 본 적이 있니?	
• 누구와 함께 가 보았니? AAC-2	
🎁 친구들과 함께 우리 동네에서 가 보고 싶은 곳이 있는지 이야기를 나눈다.	– 동네 사진을 보여 주고, AAC 도구를 사용하거나 직접 말해 보도록 유도한다.
• 우리 유치원/어린이집 주변에서 가장 가 보고 싶은 곳은 어디니? AAC-2	

👤 평가

활동평가	• 우리 유치원/어린이집 주변의 모습에 대해 관심을 갖는지 평가한다. 　1) 유치원/어린이집에 오면서 보았던 것들에 대해 관심을 가지는가? 　2) 자신이 가장 가고 싶은 곳을 이야기할 수 있는가? • 장소에 대한 설명을 듣고 유치원/어린이집 주변 장소의 이름을 알 수 있는지 평가한다. 　1) 이야기를 듣고 유치원/어린이집 주변 장소의 이름을 말할 수 있는가? 　2) 이야기를 듣고 유치원/어린이집 주변 장소의 이름에 맞는 마크를 찾을 수 있는가?
AAC 평가	• AAC 도구를 사용하여 우리 동네 주변에서 볼 수 있는 친숙한 곳의 상징을 선택할 수 있는가? • 우리 동네 친숙한 곳에 관심을 갖고 자신의 경험을 AAC 도구를 사용하여 이야기할 수 있는가?

AAC 단계별 활동어휘목록

AAC-1	우체국, 유치원, 병원, 아파트, 미용실, 마트, 지하철, 소방서, 놀이터, 버스정류장, 경찰서, 목욕탕, 엄마, 아빠, 친구들
AAC-2	~와 함께, 봤어요, 갔어요, 음식을, 장난감을, 샀어요, 불을 꺼요, 깨끗하게 씻어요, 편지를 보내요, 재미있어요, 가고 싶어요, 가기 싫어요

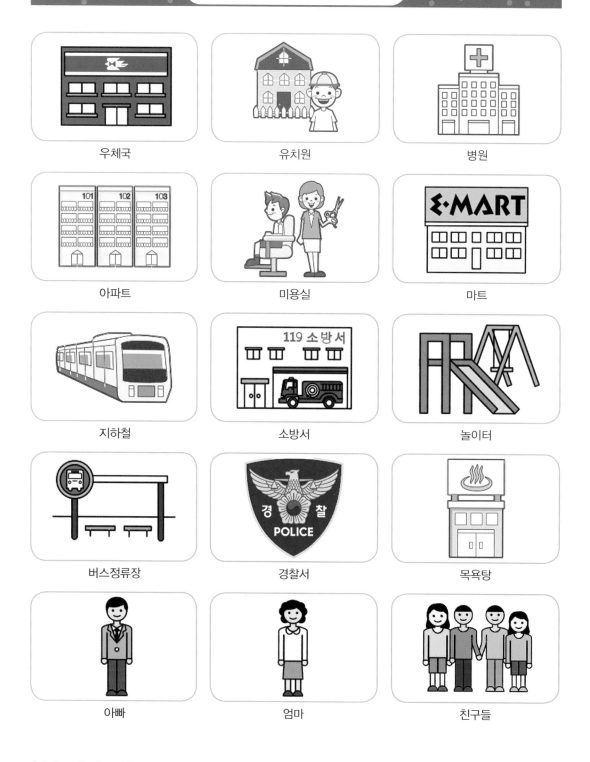

우체국	유치원	병원
아파트	미용실	마트
지하철	소방서	놀이터
버스정류장	경찰서	목욕탕
아빠	엄마	친구들

~와 함께

봤어요

갔어요

장난감을

음식을

샀어요

편지를 보내요

불을 꺼요

깨끗하게 씻어요

재미있어요

가고 싶어요

가기 싫어요

🛒 우리 동네에 있는 곳들을 찾아 동그라미표를 해 봅시다.

유치원

지하철

놀이터

🛒 우리 동네에 없는 곳들을 찾아 동그라미표를 해 봅시다.

경찰서

병원

목욕탕

2. 우리 동네 행복 지킴이

활동목표	◉ 도움이 필요한 우리 동네 사람들에게 관심을 갖는다. ◉ 이웃을 돕는 일의 즐거움을 안다. ◉ 즐겁게 동화를 듣는다.
AAC 목표	◉ 동화를 듣고 난 후, 동화장면 그림카드를 사용하여 이해한 것을 선택할 수 있다. ◉ 도움이 필요한 상황에서 AAC 도구를 사용하여 표현할 수 있다. ◉ 도움을 받았을 때 AAC 도구를 사용하여 "감사합니다."라고 표현할 수 있다. ◉ 도움을 받거나 도움을 주었을 때의 느낌을 표현할 수 있다.
4세 누리과정 관련 요소	◉ 의사소통: 듣기-동요, 동시, 동화 듣고 이해하기 ◉ 사회관계: 다른 사람과 더불어 생활하기-공동체에서 화목하게 지내기

🖼 활동자료

창작동화『우리 동네 행복 지킴이』(국·공립 역촌어린이집 글, 2013) 플래시

🖼 활동방법

활동방법	Tips
🎁 동화『우리 동네 행복 지킴이』속 장면(행복이가 할아버지의 리어카를 밀어 드리는 장면)을 보고 동화 내용을 상상하며 이야기한다. • 그림 속에는 어떤 사람이 있니? AAC-1 • 그림 속에 무엇들이 보이니? AAC-1 • 그림 속에 할아버지의 표정이 어떠니? • 할아버지는 왜 그런 표정을 짓고 있을까?	– 동화 속의 장면을 직접 보여 주며 질문을 한다.
🎁 동화에 대해 이야기를 나눈다. • 동화에 누가 나왔니? AAC-1 • 행복이는 동네에서 어떤 사람들을 만났니? • 행복이는 동네 사람들에게 어떤 도움을 주었니? AAC-2 • 슈퍼에서 뛰어노는 친구들에게 행복이는 뭐라고 했니?	– 유아의 표현 반응을 살피며 반응함으로써 상호작용을 한다. 질문의 범위를 축소시켜 나간다.

🎁 내가 누군가에게 도움을 받았던 경험이 있는지 이야기를 나눈다. • 누군가에게(또는 유치원에서) 도움받았던 경험이 있었니? • 도움을 받았을 때 기분이 어땠니? AAC-1 • 도움이 필요할 때는 뭐라고 이야기해야 할까? • 도움을 받았을 때 어떻게 해야 할까?	– 교사가 질문을 하고 대답을 유도할 때 유아가 바로 대답을 하지 못해도 반응할 수 있도록 기다려 준다.
🎁 어려운 이웃을 배려하며 도울 수 있는 방법에 대해 이야기를 나눈다. • 동화 속 행복이처럼 사람들을 도와주었던 적이 있니? • 누구를 도와주었니? • 도움을 주었을 때 기분이 어땠니? AAC-2 • 행복이처럼 우리가 이웃을 위해 도울 수 있는 일은 무엇이 있을까? AAC-2	– 우리 반 행복 지킴이를 선정하여 친구들을 돕는 활동을 한다.
🎁 『우리 동네 행복 지킴이』 동화를 듣고 난 후 느낌에 대해 이야기 나눈다. • 동화를 들으면서 어떤 부분이 가장 재미있었니? • 너희가 행복이라면 어떻게 했을까? AAC-2	– 동화를 회상할 수 있도록 장면을 다시 제시하여, 재미난 부분을 이야기하도록 한다. – 동화의 내용을 동극으로 구성하여 활동해 볼 수 있다.

👤 평가

활동평가	• 도움이 필요한 우리 동네 사람들에 대해 관심을 갖고, 도움을 주는 즐거움을 아는지 평가한다. 1) 도움이 필요한 우리 동네 사람들에게 관심을 가지는가? 2) 이웃을 돕는 일의 즐거움을 아는가? • 즐겁게 동화를 듣는지 평가한다. 1) 동화의 내용을 이해하는가? 2) 동화를 즐겁게 듣는가?
AAC 평가	• 동화를 듣고 난 후, 이해한 내용을 동화장면 그림카드를 사용하여 선택할 수 있는가? • 도움이 필요한 상황을 알고 AAC 도구를 사용하여 상황에 맞게 표현할 수 있는가? • 도움을 받았을 때 AAC 도구를 사용하여 "감사합니다."라고 표현할 수 있는가?

AAC-1	행복이, 씩씩이, 흰 수염 할아버지, 할아버지, 아이, 엄마, 경찰 아저씨, 할머니, 아저씨, 버스, 리어카, 임산부, 마트, 친구들
AAC-2	소원을 들어주었어요, 사람들을 도와주고 싶어요, 도와드릴까요?, 용기를 냈어요, 밀어 주었어요, 울었어요, 찾아 주었어요, 물건을 들어 주었어요, 자리를 양보해요, 뛰어다녔어요, 감사합니다, 고마워, 행복했어요, 힘들었어요, 재미있어요

행복이

씩씩이

흰 수염 할아버지

할아버지

아이

경찰 아저씨

할머니

아저씨

버스

임산부

마트

친구들

소원을 들어주었어요

사람들을 도와주고 싶어요

도와드릴까요?

용기를 냈어요

밀어 주었어요

울었어요

물건을 들어 주었어요

자리를 양보해요

뛰어다녔어요

감사합니다

행복했어요

힘들었어요

우리 가족의 행복을 지켜 주기 위해 내가 할 수 있는 일은 무엇이 있을까요? 내가 실천한 것에 동그라미표를 해 주세요.

설거지를 해요.

신발을 정리해요.

빨래를 널어요.

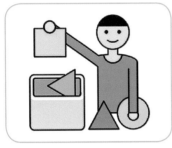

장난감을 정리해요.

부모님께 안마를 해 드려요.

동생을 돌봐요.

가족을 도와주고 난 후 어떤 칭찬을 들었나요?

참! 잘했어요.

고마워요.

착한 어린이구나!

3. 무슨 소리일까요

활동목표	◉ 우리 동네의 다양한 직업과 관련된 소리에 관심을 갖는다. ◉ 직업에 따라 하는 일과 사용하는 도구가 다르다는 것을 안다. ◉ 의성어의 느낌을 살려 동시를 읊는다.
AAC 목표	◉ 주변의 친숙한 소리에 다양한 방법으로 관심을 표현할 수 있다. ◉ 소리를 듣고, 관련된 사물의 사진(또는 상징)을 찾을 수 있다. ◉ 동시를 듣고, 직업과 관련된 사진이나 그림(또는 상징)을 찾을 수 있다.
4세 누리과정 관련 요소	◉ 의사소통: 듣기-동요, 동시, 동화 듣고 이해하기 ◉ 사회관계: 사회에 관심 갖기-지역사회에 관심 갖고 이해하기

🎭 활동자료

동시에 나오는 여러 가지 일하는 소리(가위 소리, 구급차 사이렌 소리, 호루라기 소리, 칼질하는 소리), 창작동시 〈무슨 소리일까요?〉 플래시

🎭 활동방법

활동방법	Tips
🎁 창작동시 〈무슨 소리일까요?〉에 나오는 소리(가위 소리, 구급차 사이렌 소리, 호루라기 소리, 칼질하는 소리)를 들려주며 이야기를 나눈다. • (가위 소리를 들려주며) 이것은 무슨 소리일까? AAC-1 • 가위로 미용실에서 무엇을 할 수 있을까? • 이 소리를 말로 표현하면 어떻게 말할 수 있을까? • (구급차 사이렌 소리를 들려주며) 이것은 무슨 소리일까? • 언제 사용하는 소리일까? • 이 소리를 말로 표현하면 어떻게 말할 수 있을까?	- AAC 도구(음성출력기기)에 각 소리를 미리 녹음하고 버튼을 눌러 소리를 듣도록 한다. - 집중하여 들을 수 있도록 눈을 감고 들어 보도록 하거나, 손을 모아 "이게 무슨 소리지?" 하며 유도한다.

🎁 〈무슨 소리일까요?〉 플래시를 이용하여 동시를 듣는다.	
🎁 〈무슨 소리일까요?〉 동시 내용에 대해 회상하며 이야기 나눈다. • 싹둑싹둑은 무슨 소리였나? AAC-ı • 누가 내는 소리였나? AAC-ı • 무엇을 할 때 내는 소리였나? • 언제 내는 소리였나?	– AAC 도구(음성출력기기)에 소리를 녹음하고, 상징을 붙여서 해당하는 소리를 직접 눌러서 듣도록 할 수 있다.
🎁 소리를 듣고 말로 모방해 본다. • 가위에서 나는 소리를 따라 해 볼까? AAC-ı • 교통경찰이 차 정리하는 소리를 따라 해 볼까? • 동시에서는 가위 소리를 어떻게 표현했었니? AAC-ı	– 소리를 내 볼 수 있도록 다양한 기회를 제공한다. – 아동의 시도에 교사는 반응하며 의성어를 다시 말한다.
🎁 〈무슨 소리일까요?〉 동시를 다양한 방법으로 읊어 본다. • 의성어 부분을 함께 읊어 본다. • 교사와 유아가 서로 나누어 읊어 본다. • 유아와 유아가 서로 나누어 읊어 본다. AAC-ı • 모두 함께 읊어 본다. • 의성어 부분을 다른 소리로 바꾸어 읊어 본다. • 일하는 사람을 바꾸어 읊어 본다.	– 직업과 관련된 소리를 녹음하여 알아맞히는 활동을 해 본다. – 동시의 의성어에 해당되는 부분에 다른 사물을 사용하여 소리를 내 본다.
🎁 〈무슨 소리일까요?〉 동시를 읊고 난 후 느낌에 대해 이야기 나눈다. • 어떤 부분이 제일 재미있었니? AAC-ı • 친구들과 '무슨 소리일까?' 물어보며 게임도 해 볼까? • 다른 소리로 바꾸어서 해 본다면 어떤 소리를 해 볼까?	– 소리를 들려주고, "무슨 소리일까?" 하고 물어보며 친구들과 함께 활동해 보도록 한다. – 집에서 들을 수 있는 소리로 바꾸어서 해 볼 수 있다.

👤 평가

활동평가	• 우리 동네의 다양한 직업에 관심을 갖고 직업에 따라 하는 일과 사용하는 도구가 다르다는 것을 아는지 평가한다. 1) 우리 동네에 다양한 직업이 있음을 아는가? 2) 직업에 따라 하는 일과 사용하는 도구가 다르다는 것을 아는가? • 의성어의 느낌을 살려 동시를 읊는지 평가한다. 1) 의성어에 대해 아는가? 2) 의성어의 느낌을 살려 동시를 읊는가?

AAC 평가	• 주변의 친숙한 소리에 다양한 방법(몸짓, 제스처, 소리 등)으로 관심을 표현할 수 있는가? • 소리를 듣고, 관련된 사물의 사진(또는 상징)을 찾을 수 있는가? • 동시를 듣고, 직업과 관련된 사진이나 그림(또는 상징)을 찾을 수 있는가?

AAC 단계별 활동어휘목록

AAC-1	가위, 미용실, 미용사, 사이렌, 구급차, 구조대원, 호루라기, 경찰차, 교통경찰, 자동차, 칼, 요리사, 싹둑싹둑, 호르르 호르르 삑삑, 탁탁탁탁 척척척척, 삐뽀 삐뽀 삐뽀

창작동시 〈무슨 소리일까요?〉

① 싹둑 싹둑 싹둑
이것은 무슨 소리일까요?
우리 동네 미용사가 머리 자르는 소리예요.

② 호르륵 호르륵 삑삑
이것은 무슨 소리일까요?
우리 동네 교통경찰이 차들을 정리하는 소리예요.

③ 삐뽀 삐뽀 삐뽀
이것은 무슨 소리일까요?
우리 동네 구조대원이 출동하는 소리예요.

④ 탁탁탁탁 척척척척
이것은 무슨 소리일까요?
우리 동네 요리사가 음식을 만드는 소리예요.

⑤ 일하는 소리는 서로 달라도
모두모두 즐겁게 일을 해요

가위	미용실	미용사
사이렌	구급차	구조대원
호루라기	교통경찰	자동차
칼	요리사	싹둑싹둑
호르르 호르르 삑삑	탁탁탁탁 척척척척	삐뽀 삐뽀 삐뽀

📖 우리 동네에서 들을 수 있는 소리에 귀 기울여 봅시다.

📖 내가 들은 소리가 위의 그림 중에 있나요? 네/아니요로 대답해 볼까요?

1. 오토바이 소리

2. 신호등 소리

3. 사람들이 이야기하는 소리

4. 강아지가 짖는 소리

5. 자동차 소리

6. 아기가 우는 소리

아니요

4. 아름다운 가게 놀이

활동목표	⊙ 우리 동네 아름다운 가게의 의미와 기능을 안다. ⊙ 아름다운 가게 놀이에 참여하여 필요한 물건을 교환해 보는 경험을 가진다. ⊙ 아름다운 가게 놀이를 준비하고 즐겁게 참여한다.
AAC 목표	⊙ 원하는 물건을 그림카드나 AAC 상징을 사용하여 표현할 수 있다. ⊙ AAC 도구를 사용하여 물건을 사고파는 활동에 참여할 수 있다.
4세 누리과정 관련 요소	⊙ 의사소통: 듣기–낱말과 문장을 듣고 이해하기 　　　　　　 말하기–상황에 맞게 바른 태도로 말하기 ⊙ 사회관계: 다른 사람과 더불어 생활하기–공동체에서 화목하게 지내기

👤 **활동자료**

아름다운 가게 로고, 역할놀이용 이름표, 여러 가지 물건(헌 옷, 헌책, 장난감, 인형, 액세서리, 신발 등), 책상, 의자, 가게 이름표 꾸미기 재료, 아름다운 가게 동영상

👤 **활동방법**

활동방법	Tips
🎁 우리 동네 아름다운 가게 사진을 보며 이야기를 나눈다. • (동영상이나 사진을 보며) 이곳이 어디인지 아니? AAC-I • 우리 동네에서 아름다운 가게를 가 본 적이 있니? • 어떤 것을 보았니? AAC-I • 무엇을 팔고 있었니? AAC-I	– '우리 동네 돌아보기' 활동 시 또는 가정에서 미리 아름다운 가게를 견학해 본다. – 대답을 하지 못할 경우, 기억을 떠올릴 수 있도록 사진으로 제시한다.
🎁 '아름다운 가게'에 대해 이야기를 나눈다. • 무엇을 하는 곳일까? • 아름다운 가게는 물건을 살 수도 있지만, 다른 사람에게 줄 수도 있대요.	– 물건들에 대한 예시를 실물, 사진, 그림을 통하여 제시한다.

• 내가 어떤 물건을 살 수 있을까? AAC-1	
• 어떤 물건을 주면 좋을까?	
🎁 아름다운 가게 놀이를 위해 필요한 물건에 대해 이야기 나눈다. • 아름다운 가게 놀이를 하려면 어떤 물건이 필요할까? • 물건은 어떻게 준비할까? • 집에서 어떤 물건을 가지고 올 수 있을까? AAC-1 • 교실에서는 어떤 물건을 가지고 할 수 있을까?	– 질문에 대한 대답을 어려워하는 경우 보기를 제시(유아의 수준에 따라 보기의 수 조정하기)하여 답할 수 있도록 한다. – 교실을 둘러보며 직접 가져오도록 한다.
🎁 아름다운 가게 놀이에 필요한 역할과 각 역할에 맞는 말에 대해 이야기 나눈다. • 아름다운 가게 놀이에 필요한 역할은 무엇이 있을까? • 어떤 역할을 하고 싶니? AAC-1 • 물건을 판매하는 사람은 뭐라고 말해야 할까? • 손님들에게 뭐라고 인사하면 좋을까? AAC-2 • 물건을 파는 사람은 무엇이 필요할까? • 물건을 사는 사람은 무엇이 필요할까? AAC-1 • 물건을 사는 사람은 뭐라고 말해야 할까? AAC-1 • 사고 싶은 물건이 있니? • 사고 싶은 물건이 있을 때는 뭐라고 말해야 할까? AAC-2 • 물건의 가격을 물을 때는 뭐라고 말해야 할까? AAC-2	– 필요한 경우 역할놀이 스크립트를 작성하여 미리 연습해 본다. – 해당하는 역할에 대한 메시지를 미리 AAC 도구(음성출력기기)에 녹음해 놓는다. – 물건을 살 때는 "주세요." "이것 주세요."라고 해야 함을 알려 준다.
🎁 아름다운 가게 놀이를 즐겁게 참여하기 위해서 지켜야 할 것을 이야기 나눈다. • 안전하게 활동하기 위해서는 어떻게 해야 할까?	– 물건을 살 때는 상대방의 눈을 바라보고 이야기를 하도록 한다.
🎁 역할을 정해서 아름다운 가게 놀이를 해 본다. • 어떤 역할을 해 봤니? 어떤 역할이 즐거웠니? AAC-2 • 어떤 물건을 팔았니? 어떤 물건을 샀니? AAC-2	– 팔거나 산 물건을 하나씩 꺼내며, AAC 상징을 사용하여 이야기하도록 한다.

👤 평가

활동평가	• 아름다운 가게의 의미와 역할을 아는지 평가한다. 1) 아름다운 가게의 의미를 아는가? 2) 아름다운 가게에서 일하는 사람들의 역할을 아는가?

	• 아름다운 가게 놀이를 준비하고 즐겁게 참여하는지 평가한다. 　1) 아름다운 가게 놀이 준비에 참여하는가? 　2) 놀이에 참여하여 필요한 물건을 교환할 수 있는가? 　3) 아름다운 가게 놀이에 즐겁게 참여하는가?
AAC 평가	• 원하는 물건을 그림카드나 AAC 상징을 사용하여 표현할 수 있다. 　1) 좋아하는 것을 선택하여 '주세요.'로 요구하는가? • AAC 도구를 사용하여 물건을 사고파는 활동에 참여할 수 있다. 　1) 가게 놀이 상황에 적절한 말을 건넬 수 있는가? 　2) 가게 놀이에 참여하여 필요한 물건을 교환할 수 있는가?

AAC 단계별 활동어휘목록

AAC-1	아름다운 가게, 장바구니, 점원, 여자 손님, 남자 손님, 옷, 신발, 장난감, 책, 인형, 연필, 모자, 앞치마, 주세요, 얼마예요?
AAC-2	이거 주세요, 사고 싶어요, 어서 오세요, 이거 얼마예요?, 무엇을 도와드릴까요?, 감사합니다. 또 오세요, 안녕히 가세요, 얼마(○○)입니다, 재미있어요, 팔았어요, 샀어요, 거스름돈, 좋아요, 싫어요

아름다운 가게

장바구니

점원

여자 손님

남자 손님

옷

신발

장난감

책

인형

연필

모자

앞치마

주세요

얼마예요?

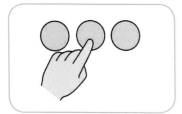

이거 주세요

사고 싶어요

어서 오세요

이거 얼마예요?

무엇을 도와드릴까요?

감사합니다

또 오세요

안녕히 가세요

얼마(○○)입니다

재미있어요

팔았어요

샀어요

거스름돈

좋아요

싫어요

친구와 바꾸고 싶은 물건이 있나요? 실제 물건을 보면서 말해 봅시다.

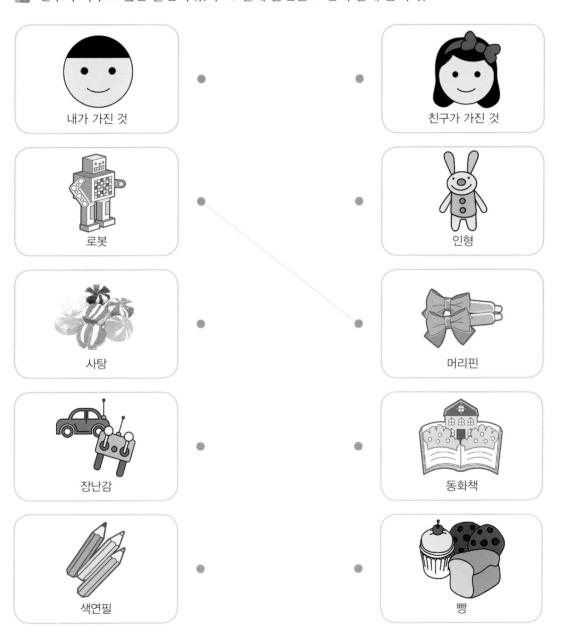

내가 가진 것

친구가 가진 것

로봇

인형

사탕

머리핀

장난감

동화책

색연필

빵

활동목표	◉ 동네에서 볼 수 있는 여러 가지 직업에 대해 관심을 갖는다. ◉ 직업에 따라 하는 일과 필요한 물건이 다름을 안다. ◉ 규칙을 지키며 친구와 즐겁게 놀이한다.
AAC 목표	◉ 직업과 관련된 물건을 보고 AAC 도구를 사용하여 직업의 호칭을 선택할 수 있다. ◉ 직업에 따라 하는 일을 알고 AAC 도구를 사용하여 표현할 수 있다. ◉ AAC 도구를 사용하여 규칙에 따라 게임에 즐겁게 참여할 수 있다.
4세 누리과정 관련 요소	◉ 사회관계: 사회에 관심 갖기–지역사회에 관심 갖고 이해하기 ◉ 사회관계: 다른 사람과 더불어 생활하기–공동체에서 화목하게 지내기

👤 활동자료

여러 가지 직업 그림카드 5장(의사, 간호사, 환경미화원, 우체부, 운전기사, 제빵사, 주유원 등),
직업에 따른 물건 그림카드 4장(의사: 청진기, 주사기, 의사가운 / 환경미화원: 빗자루, 쓰레기차 /
우체부: 우체통, 가방, 편지 / 운전기사 : 버스, 택시, 유니폼 / 제빵사 : 오븐, 거품기, 그릇, 제빵
모자 / 주유원: 주유기, 자동차, 기름탱크 등), 직업 돌림판, 기본판 5개, 게임 규칙판

👤 활동방법

활동방법	Tips
🎁 직업과 관련된 수수께끼를 내며 이야기를 나눈다. 　• 나는 장갑을 끼고 일을 하지요. 나는 매일 자동차를 볼 　　수 있어요. 　• 나는 누구일까요? AAC-l 　• 답을 맞히면 직업 그림판에 붙여 준다. 　• 이 직업을 가진 사람에게 무엇이 필요할까? AAC-l 　• 내가 일하는 곳은 항상 자동차가 많아요. 자동차가 움 　　직일 수 있도록 해 줘요. AAC-l 　• 나는 누구일까요? (우리는 뭐라고 불러야 할까요?)	– 사전활동으로 직업에 대한 수업 　을 진행한다. – 질문에 대한 대답을 어려워하는 　경우 그림의 일부분을 제시하거 　나 직업의 첫 글자를 이야기해서 　대답할 수 있도록 유도한다. – 관련 영상자료를 제시하여 수수 　께끼를 낸다.

• 어디에 가면 나를 만날 수 있을까? AAC-2	
🎁 직업 그림카드와 각 직업에 필요한 물건 그림카드를 보며 이야기 나눈다. • 의사는 일을 할 때 무엇이 필요할까? AAC-1 • 의사는 청진기로 무엇을 할까? AAC-2 • 주사기는 언제 사용할까? AAC-2 • 주사기는 어디에서 보았니? AAC-2	– 질문에 대해 답을 할 수 있도록 충분한 시간을 주고 기다려 준다. – 또는 실물이나 모형을 제시한다.
🎁 '이것이 필요해요' 게임 규칙판을 보며 게임방법에 대해 이야기를 나눈다. • 이것은 어떻게 하는 게임일까? • 몇 사람이 할 수 있을까? • 게임 규칙판을 보며 게임 방법을 설명한다. AAC-2	– 게임판의 선택하기 예시는 유아의 수준에 따라 개수를 조정하여 제시한다. – 또래와 함께 2인 1조가 되어 함께 참여하도록 해 본다. – 게임에 익숙해지면 직업 물건 그림카드를 추가하여 놀이하도록 한다. – 나에게 필요한 물건과 엄마에게 필요한 물건을 비교해 본다.
🎁 게임을 한 후 느낌에 대해 이야기를 나눈다. • 어떤 점이 재미있었니? 어떤 점이 힘들었니? • 다른 방법으로 게임을 한다면, 어떻게 놀이하고 싶니? (다른 방법의 게임 예시를 제시한다.) AAC-2	

평가

활동평가	• 동네에서 볼 수 있는 여러 가지 직업에 대해 관심을 갖는지 평가한다. 　1) 우리 동네에 여러 가지 직업이 있음을 아는가? 　2) 동네에서 볼 수 있는 여러 가지 직업에 관심을 가지는가? • 직업에 따라 하는 일과 그 직업에 필요한 물건이 다름을 아는지 평가한다. 　1) 직업에 따라 하는 일을 아는가? 　2) 각 직업에 필요한 물건을 아는가? • 규칙을 지키며 친구와 즐겁게 놀이하는지 평가한다. 　1) 규칙을 지키며 놀이하는가? 　2) 친구와 즐겁게 놀이하는가?
AAC 평가	• 직업과 관련된 물건을 보고 AAC 도구를 사용하여 직업의 호칭을 선택할 수 있다. • 직업에 따라 하는 일을 알고, AAC 도구를 사용하여 표현할 수 있다. • AAC 도구를 사용하여 규칙에 따라 게임에 즐겁게 참여할 수 있다.

5. 이것이 필요해요 **115**

AAC-1	의사, 청진기, 주사기, 의사가운, 미용사, 가위, 빗, 헤어드라이기, 주유원, 기름탱크, 자동차, 주유기, 내 차례야, 화살표를 돌려 줘, 재미있다
AAC-2	병원, 미용실, 주유소, ~에서 만날 수 있어요, 아플 때 주사를 놔 줘요, 머리를 예쁘게 해 줘요, 차가 움직이게 해 줘요, 1개 있어요, 2개 있어요, 3개 있어요, 4개 있어요, 다음 차례는 누구지?, 또 해 보자, 다른 것으로 바꿔 보자, 게임 끝

교구제작방법

① 직업 돌림판은 반지름 10cm의 원을 자른 후 여섯 면으로 구분한다.
② 돌림판의 여섯 면 중 다섯 면에는 각 직업 그림을 붙이고, 다른 한 면에는 ♥를 붙인다.
③ 돌림판 중앙에 화살표를 끼운다.
④ 기본판 5개는 16절 크기의 판에 각각의 직업 그림을 붙이고 코팅한다.
⑤ 직업 그림이 있는 기본판에 부드러운 벨크로 테이프를 4개씩 붙인다.
⑥ 각 직업에 필요한 물건 그림카드 4장은 4cm×5cm 크기로 인쇄하여 코팅한 후에 뒷면에 거친 벨크로 테이프를 붙인다.

'이것이 필요해요' 게임방법

① 직업 물건 그림카드를 그림이 보이도록 가운데 펼쳐 놓는다.
② 2~5명의 유아가 원하는 직업의 기본판을 나누어 가진다.
③ 순서를 정한 후 직업 돌림판의 화살표를 돌린다.
④ 화살표에 나타난 직업을 확인한다.
⑤ 자신이 모으고 있는 직업이 나오면 그 직업에 필요한 물건을 가져와 붙인다.
⑥ ♥가 나오면 자신이 원하는 물건을 가져와 붙일 수 있다.
⑦ 4개를 모두 모으면 게임이 끝난다.

의사	청진기	주사기
의사가운	미용사	가위
빗	헤어드라이기	주유원
기름탱크	자동차	주유기
내 차례야	화살표를 돌려 줘	재미있다

병원

미용실

주유소

~에서 만날 수 있어요

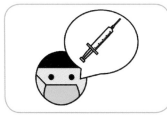

아플 때 주사를 놔 줘요

머리를 예쁘게 해 줘요

차가 움직이게 해 줘요

1개 있어요

2개 있어요

3개 있어요

4개 있어요

다음 차례는 누구지?

또 해 보자

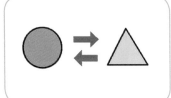

다른 것으로 바꿔 보자

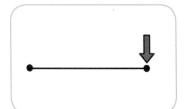

게임 끝

🧺 나 😊 에게 필요한 것을 다음의 그림 중에서 골라 주세요.

🧺 엄마 👩 에게 필요한 것을 다음의 그림 중에서 골라 주세요.

| 동화책 | 화장품 | 장난감 | 앞치마 |

| 장바구니 | 가방 | 휴대폰 | 휠체어 |

🧺 나와 엄마의 필요한 물건이 어떻게 다른지 비교하여 이야기해 보세요.

6. 동네 사람들을 소개해요

활동목표	◉ 우리 동네에 다양한 사람들이 함께 살고 있음을 안다.
	◉ 우리 동네에 살고 있는 사람들의 모습을 언어로 표현한다.
	◉ 규칙을 지키며 즐겁게 게임한다.
AAC 목표	◉ 나는 "○○입니다."라고 AAC 도구를 사용하여 다른 사람에게 소개할 수 있다.
	◉ 우리 동네 다양한 사람들의 모습을 AAC 도구를 사용하여 적절한 문장으로 표현할 수 있다.
4세 누리과정 관련 요소	◉ 의사소통: 낱말과 문장으로 말하기
	◉ 사회관계: 사회에 관심 갖기-지역사회에 관심 갖고 이해하기
	◉ 신체운동-건강: 신체활동에 참여하기-자발적으로 신체활동에 참여하기

👤 활동자료

우리 동네 사람들 목걸이(동네 할아버지, 할머니, 교통경찰 아저씨, 미용사, 이웃집 아기, 꽃집 언니, 농부 아주머니, 어부 아저씨 등), CD플레이어, 경쾌한 음악, 점수판

📁 활동방법

활동방법	Tips
🎁 우리 동네 사람들 목걸이를 보며 이야기를 나눈다.	- 사진을 출력하거나 다양한 잡지를 이용하여 유아들과 함께 동네 사람 목걸이를 미리 만들어 놓는다.
• 이 사람은 누굴까? 왜 그렇게 생각했니? AAC-I	
• 본 적이 있니? 어디서 보았니?	
• 무엇을 하고 있었니?	- (유아들에게 친숙한 사람으로) 실물 사진을 이용하면 더 좋다.
• 우리가 만든 목걸이에는 또 어떤 사람들이 있니?	
🎁 우리 동네 사람들 목걸이를 보며 소개하는 방법에 대해 이야기 나눈다.	- 모델링을 통해 교사나 또래가 먼저 자기소개를 한다.
• 우리가 친구들에게 나를 소개할 때 어떤 말을 하지?	- 어떤 내용으로 소개할 것인지 그림카드를 제시하여 스스로 말할 수 있도록 격려한다.
• 누가 한번 친구들에게 나를 소개해 볼까? AAC-I	
• 너희가 아기라면 친구들에게 어떻게 소개하면 좋을까?	

• 아기에 대해서 궁금한 것이 있니? • 궁금한 내용으로 소개를 하면 어떨까? AAC-2 • 만약 할아버지라면 친구들에게 어떻게 소개하는 게 좋을까?	– 무엇을 소개할 것인가에 대해 서로 궁금한 부분들을 이야기 나눈 후 소개방법을 알아볼 수 있다.
🎁 유아들과 목걸이를 보며 동네 사람이 되어 함께 소개해 본다. • 이 사람은 어떻게 소개하기로 했었니? • 우리 다같이 ○○이 되어 소개해 보자. AAC-2	– 장애의 정도에 따라 교사가 이야기해 주거나, AAC 도구(음성출력기기)에 미리 녹음하여 소개할 수 있다.
🎁 '우리 동네 사람들을 소개해요' 게임방법과 지켜야 할 규칙에 대해 이야기 나눈다. • 게임방법을 소개한다. • 음악소리가 들리면 어떻게 해야 할까? • 음악이 멈추면 어떻게 해야 할까? • 선택한 동네 사람 목걸이는 어떻게 해야 할까? • 가위, 바위, 보는 어떻게 해야 할까? AAC-2 • 동네 사람이 되어 친구들에게 소개할 때는 어디를 보며 해야 할까? • 자기 게임이 끝나면 목걸이를 어떻게 해야 할까?	– 소개하는 문장을 만들고, 핵심 어휘에 해당하는 부분을 AAC 도구나 그림카드를 사용하여 소개할 수도 있다. – 접하기 쉬운 동네 사람들을 선정하여 AAC 어휘에 '입니다'를 추가한다. – 충분한 시간을 가지고 기다려 줄 수 있도록 규칙에 포함한다.
🎁 '우리 동네 사람들을 소개해요' 게임을 한다. • 2명의 유아가 나와 시범을 보인다. 게임방법에 맞추어 게임을 한다. • 음악소리가 들리면 어떻게 해야 할까?	– 목걸이를 목에 직접 걸기가 어려운 경우, 또래지원을 통해 걸어 줄 수 있도록 한다.
🎁 '우리 동네 사람들을 소개해요' 게임을 하고 난 느낌을 이야기 나눈다. • 어떤 사람을 소개한 것이 가장 재미있었니? • 또 어떤 사람을 소개해 보고 싶니? AAC-1	– 동네 사람을 만나면 AAC 도구를 사용하여 직접 안부 인사를 해 본다. – 자신의 동네 이름을 직접 넣어서 이야기한다.

활동평가	• 우리 동네에 다양한 사람들이 살고 있음을 아는지 평가한다. 　1) 우리 동네의 다양한 사람들에 대해 관심을 가지는가? 　2) 우리 동네에 다양한 사람들이 살고 있음을 아는가? • 우리 동네에 살고 있는 사람들의 모습을 언어로 표현하며, 즐겁게 게임하는지 평가한다. 　1) 우리 동네에 살고 있는 사람들의 모습을 적절한 언어로 표현하는가? 　2) 게임의 규칙을 지키며 놀이하는가? 　3) 즐겁게 게임에 참여하는가?
AAC 평가	• 나는 "○○입니다."라고 AAC 도구를 사용하여 자신을 다른 사람에게 소개할 수 있는가? • 우리 동네 다양한 사람들의 모습을 AAC 도구를 사용하여 적절한 문장으로 표현할 수 있는가?

AAC 단계별 활동어휘목록

AAC-1	나는, ○○입니다(예: 나는 아기입니다.), 아기, 할아버지, 할머니, 아줌마, 슈퍼마켓 점원, 꽃집 언니, (동네에서 만날 수 있는 여러 사람들을 넣는다.), 안녕하세요, 내 이름은, 나는 ○○을 좋아해요, 우리 집은, ○○동네, 우유, 꽃
AAC-2	만나서 반갑습니다, 잘 지내셨어요?, 제 나이는 ○○살입니다, 장난감을, 과일을, 파는, 아저씨입니다, 아가씨입니다, 지팡이를 들고 다녀요, 가위, 바위, 보

📇 '우리 동네 사람들을 소개해요' 게임방법

① 두 팀으로 나누어 앉는다.
② 각 팀에서 한 명씩 나와 출발선에 선다.
③ 음악이 들리면 출발선에서 출발한 후 가운데 그려진 원 안에서 몸을 흔든다.
④ 음악이 멈추면 전시되어 있는 동네 사람 목걸이 중 한 개를 선택하여 목에 건다.
⑤ 가위바위보를 하여 이긴 사람이 먼저 자신이 목에 건 동네 사람이 되어 친구들에게 소개한다.
⑥ 나머지 유아도 자기 목걸이의 동네 사람이 되어 자신을 소개한다.
⑦ 소개가 끝나면 목걸이를 원래 있던 자리에 가져다 놓고 자기 자리로 돌아가 앉는다.
⑧ 자신이 선택한 동네 사람을 적절하게 표현한 유아는 모두 점수를 받게 된다.

나는	○○입니다	아기
할아버지	할머니	아줌마
슈퍼마켓 점원	꽃집 언니	안녕하세요
내 이름은	나는 ○○을 좋아해요	우리 집은
○○동네	우유	꽃

만나서 반갑습니다	잘 지내셨어요?	제 나이는 ○○살입니다
장난감을	과일을	파는
아저씨입니다	아가씨입니다	지팡이를 들고 다녀요
가위	바위	보

🛒 우리 동네에 사는 사람들은 누구일까요? 우리 동네 사람들의 모습을 완성하고 소개해 봅시다.

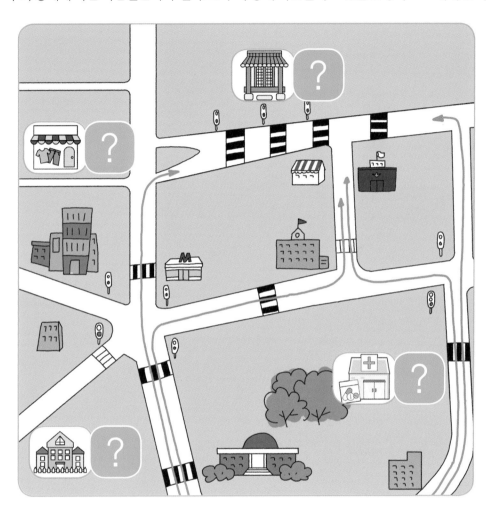

아기	약사	할아버지와 할머니	옷가게 점원

7. 산마을

활동목표	◉ 산촌의 모습에 관심을 갖는다. ◉ 우리 가락에 관심을 갖는다. ◉ 산마을 국악동요 부르기에 즐겁게 참여한다.
AAC 목표	◉ 동요의 노랫말에서 나오는 단어에 적합한 상징을 선택할 수 있다. ◉ AAC 도구를 사용하여 우리 가락의 장단을 표현할 수 있다. ◉ AAC 도구를 사용하여 국악동요 〈산마을〉 부르기에 참여할 수 있다.
4세 누리과정 관련 요소	◉ 사회관계: 사회에 관심 갖기-지역사회에 관심 갖고 이해하기 ◉ 예술경험: 음악으로 표현하기

🖼 활동자료

국악동요 〈산마을〉(이성관 작사, 류정식 작곡) PPT(노랫말, 노래음원, 반주), 〈산마을〉 악보

🖼 활동방법

활동방법	Tips
🎁 〈산마을〉 PPT의 삽화를 보며 이야기 나눈다. • 화면 속에 무엇이 보이니? AAC-1 　(산, 너와집, 계곡, 토끼, 노루) • 이런 산마을을 본 적이 있니? • 산은 무슨 색이지? • 우리 집 근처에서도 이런 산을 본 적이 있니? • 이곳에 산다면 어떤 기분일까? • 산에 사는 사람들은 무슨 일을 할까? • 산마을 모습을 표현한 노래를 함께 들어 보자.	− 우리 가락에 익숙해질 수 있도록 정리 음악이나 활동 전이 시간에 들려줄 수 있도록 한다. − AAC 도구(음성출력기기)에 반복되는 단어와 노래의 소절을 미리 녹음한다.

🎁 국악동요 〈산마을〉을 듣고 이야기를 나눈다. • 어떤 느낌이 드니? • 노래 속에는 어떤 말이 있었니? • 어떤 소리가 들렸니? AAC-I • 어떤 악기 소리일까? AAC-I • 왜 산이 좋다고 했니? • 어떤 동물들의 이름이 들렸니? AAC-I	– 반응을 유도하기 위해 노래 화면을 보여 주고, 그림카드나 상징을 제시하여 질문한다. – 사는 지역의 특성에 맞게 가사를 바꾸어 불러 볼 수 있도록 한다. – 반복되는 노랫말을 AAC 도구(음성출력기기)에 녹음하여, 노랫말이 나올 때마다 눌러서 함께 부르도록 한다. – 가락의 장단을 말소리나 허밍으로 부분적으로 따라 할 수 있도록 한다.
🎁 국악동요 〈산마을〉을 불러 보고 다양한 방법으로 불러 본다. • '덩'으로 불러 볼까? 다함께 불러 볼까? AAC-I • 선생님은 앞부분을 부를 테니, 너희들은 뒷부분을 불러 보자. • 친구와 함께 손을 잡고 불러 볼까? • 친구와 어깨동무를 하며 불러 볼까? • 또 어떤 방법이 있을까?	
🎁 국악동요 〈산마을〉을 불러 본 경험에 대해 이야기를 나눈다. • 이 노래를 불러 본 느낌이 어떠니? • 친구와 함께 불러 보니 어땠니?	– 가족들과 함께 그림 상징을 보며 〈산마을〉을 불러 본다.

👤 평가

활동평가	• 산촌의 모습에 관심을 갖는지 평가한다. 1) 산촌의 모습에 관심을 가지는가? 2) 마을들의 다양한 특성에 관심을 가지는가? • 우리 가락에 관심을 갖는지 평가한다. 1) 우리 가락에 관심을 가지는가? 2) 국악동요 〈산마을〉에 관심을 가지는가? • 국악동요 〈산마을〉 부르기에 즐겁게 참여하는지 평가한다. 1) 국악동요 〈산마을〉을 즐겁게 따라 부르는가? 2) 친구와 함께 국악동요 〈산마을〉 부르기에 즐겁게 참여하는가?
AAC 평가	• 동요의 노랫말에서 나오는 단어에 적합한 상징을 선택할 수 있는가? • AAC 도구를 사용하여 우리 가락의 장단을 표현할 수 있는가? • AAC 도구를 사용하여 국악동요 〈산마을〉 부르기에 참여할 수 있는가?

AAC-1	산, 토끼, 새, 노래, 산마을, 노래 불러요, 아이들, 계곡, 사슴, 구름, 손을 잡아요, 좋아요, 따, 짝, 덩

🎵 〈산마을〉 악보

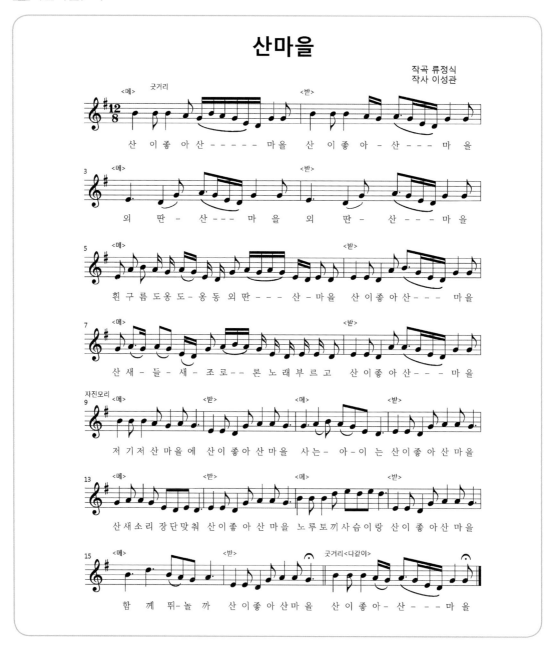

산	토끼	새
노래	산마을	노래 불러요
아이들	계곡	사슴
구름	손을 잡아요	좋아요
따	짝	덩

우리 가족들과 함께 노래 불러 보아요. 반복되는 노랫말은 AAC 도구를 사용하여 노래 불러 봅시다.

산이 좋아 산마을 산이 좋아 산마을   외딴 산마을 외딴 산마을

흰 구름 도웅도웅동 외딴 산마을   산이 좋아 산마을

산새 들새   조로롱 노래 부르고   산이 좋아 산마을

저기 저 산마을에 산이 좋아 산마을   사는 아이는   산이 좋아 산마을

산새 소리 장단 맞춰   산이 좋아 산마을   노루 토끼 사슴이랑

산이 좋아 산마을   함께 뛰놀까   산이 좋아 산마을 산이 좋아 산마을

8. 포도가 달라졌어요

활동목표	◉ 우리 동네의 과수원에 관심을 갖는다. ◉ 요리 순서도에 따라 포도잼을 만든다. ◉ 재료의 변화과정을 탐색하고 관찰한다.
AAC 목표	◉ 포도를 탐색해 보고, 그 특징을 AAC 도구를 사용하여 표현할 수 있다. ◉ 포도잼 만들기 순서를 AAC 도구를 사용하여 이야기할 수 있다. ◉ AAC 도구를 사용하여 활동에 즐겁게 참여할 수 있다.
4세 누리과정 관련 요소	◉ 신체운동–건강: 신체 인식하기–감각능력 기르고 활용하기 ◉ 사회관계: 사회에 관심 갖기–지역사회에 관심 갖고 이해하기 ◉ 자연탐구: 과학적 탐구하기–물체와 물질 알아보기

활동자료

'농장의 포도' 동영상, 포도로 만든 음식사진, 포도잼 요리 순서도 PPT, 요리재료(포도, 설탕, 큰 그릇, 전자레인지 혹은 냄비 및 핫플레이트, 주걱, 완성된 포도잼을 담을 병, 숟가락), 어른 손 인형, 포도로 만든 다양한 음식사진

활동방법

활동방법	Tips
📖 포도에 대해 이야기를 나눈다. • 포도는 어떻게 생겼니? AAC-I • 포도는 무슨 색깔일까? AAC-I (두 가지의 색에 대해 알려 준다.) • 포도를 만지면 느낌이 어떠니? • 포도의 무게는 어떤 것 같니? • 너희는 포도를 먹어 본 적 있니? AAC-I • 포도의 맛은 어떨까?	– 유아들의 다양한 대답을 모두 수용해 준다. – 포도의 실물 또는 사진(그림)자료를 활용하여 보여 준다. – 특정 재료에 알레르기 반응이 있는지 사전에 조사한다.

🎁 우리 동네에 있는 과수원에 가 본 경험에 대해 이야기를 나눈다. • (과수원 아저씨 손 인형을 보여 주며) 애들아 안녕! 난 포도 농장에서 일한단다. 우리 농장에 포도가 많이 있는데 시간이 지나면 못 먹을 것 같아서 걱정이란다. • 많은 포도를 어떻게 하면 좋을까? AAC-2 • 포도를 오래 두고 먹을 수 있는 방법은 없을까? AAC-2 • 너희들 좋은 방법이 있니? • 좋은 방법이 있으면, 우리 과수원에 알려 주러 오렴.	− 질문과정에서 실물, 그림카드, AAC 도구 등을 직접 선택하여 대답할 수 있도록 한다.
🎁 우리 동네 과수원의 포도를 이용한 다양한 음식에 대해 이야기 나누며 포도를 오래 두고 먹을 수 있는 방법 중에 한 가지를 선택하도록 한다. • (포도로 만든 음식사진을 보여 주며) 이 사진들의 같은 점은 무엇일까? AAC-1 • 여기에 있는 포도로 만든 음식을 먹어 본 적이 있니? • 포도잼(포도주, 포도주스, 건포도, 포도젤리)으로 만들면 오래 먹을 수 있을까? AAC-2 • 만드는 방법을 알고 있니?	− 경험에 대해 이야기할 수 있도록 충분한 시간을 주고 기다려 준다. − 예상되는 반응에 대해 AAC 상징으로 준비한다.
🎁 유아들이 갖고 있는 포도잼에 대한 경험에 대해 이야기 나눈다. • 어떤 잼을 먹어 봤니? • 잼을 먹어 보니 어땠니? AAC-1 • 잼을 만들어 본 적이 있니? • 잼이 되려면 어떻게 해야 할까?	− 다양한 재료를 만져 보게 하고, 탐색할 수 있는 시간을 충분히 준다. − 활동 중에 다양한 의사소통 기능을 중재한다. • 요구하기(한 번 더 하고 싶어요) • 거부하기(하기 싫어요, 색깔 싫어요) • 도움요청(도와주세요) • 감정표현(재미있어요)
🎁 포도잼 요리 순서도 PPT를 보며 포도잼을 만드는 순서를 알아본다. • 포도잼은 어떤 색이니? AAC-1 • 포도잼처럼 보라색이 되려면 어떤 포도를 사용해야 하는 걸까? • 보라색 포도일까, 아니면 초록색 청포도일까? • 포도잼을 만들려면 어떤 재료들이 필요할까? AAC-2 • 포도잼을 만드는 순서를 알아볼까? • 그 다음에는 어떤 것을 해야 하지? AAC-2	

📖 포도잼 요리 순서도에 따라 직접 만들어 본다. • 순서를 알았으니, 한 번 직접 만들어 볼까? • 어떤 것을 가장 먼저 해야 할까? AAC-2 • 포도를 끓이니까 어떻게 되었니? • 냄새가 어떠니? 맛은 어떠니? AAC-1 • 설탕을 넣고 끓이니까 어떻게 되었니? • 맛은 어떻게 변했니?	– 사용되는 포도는 식초물에 담갔 다가 사용하는 것이 좋으며, 포도 잼을 담을 병도 끓는 물에 소독 하여 사용하도록 한다.
📖 우리 동네 포도를 사용하여 만든 포도잼의 맛과 색을 비교해 본다. • 포도잼의 맛은 어떠니? 색깔이 변했니? • 포도를 잼으로 만들어 두면 어떤 점이 좋을까? • 재미있었니? AAC-1	– 포도즙이나 포도껍질을 이용한 포도잼 염색하기 활동의 재료로 활용할 수 있다. – 포도잼 만들기 책을 만들어 본다.

👤 평가

활동평가	• 우리 동네의 과수원에 관심을 갖고 열매의 특성에 대해 아는지 평가한다. 1) 우리 동네의 과수원에 관심을 가지는가? 2) 우리 동네의 과수원에서 열리는 과일의 특성에 대해 아는가? • 재료의 변화과정을 탐색하고 관찰하는지 평가한다. 1) 포도가 잼이 되는 과정에 관심을 가지는가? 2) 포도로 잼을 만드는 과정에 적극적으로 참여하고 시도하는가?
AAC 평가	• 포도를 탐색해 보고, 그 특징을 AAC 도구를 사용하여 표현할 수 있는가? • 포도잼 만들기 순서를 AAC 도구를 사용하여 이야기할 수 있는가? • AAC 도구를 사용하여 활동에 즐겁게 참여할 수 있는가?

AAC 단계별 활동어휘목록

AAC-1	포도, 보라색, 동그라미, 포도잼, 식빵, 물, 빵칼, 초록색, 청포도, 있어요, 없어요, 깨끗이 씻어요, 맛있어요, 먹어요, 재미있었어요
AAC-2	믹서, 설탕, 손, 깨끗이 씻어요, 포도씨를 빼요, 끓어요, 믹서에 갈아요, 체에 걸러요, 설탕을 넣고 끓여요, 빵에 발라요, 넣어요, 또, 만들고 싶어요, 냉장고, 포도주스

의사소통 상징판 AAC-1

포도	보라색	동그라미
포도잼	식빵	물
빵칼	초록색	청포도
있어요	없어요	깨끗이 씻어요
맛있어요	먹어요	재미있었어요

믹서	설탕	손
깨끗이 씻어요	포도씨를 빼요	끓여요
믹서에 갈아요	체에 걸러요	설탕을 넣고 끓여요
빵에 발라요	넣어요	또
만들고 싶어요	냉장고	포도주스

🛒 우리가 만든 포도잼으로 샌드위치를 만들어 보아요.

샌드위치 만들기

① 식빵을 준비한다.
② 잼을 준비한다.
③ 식빵에 잼을 바른다.
④ 식빵을 맛있게 먹는다.

식빵을 준비해요.	잼을 준비해요.	식빵에 잼을 발라요.	맛있게 먹어요.

🛒 우리가 만든 잼은 무엇일까요?

딸기잼	포도잼	땅콩잼	사과잼

🛒 샌드위치와 함께 먹고 싶은 것이 있나요?

치즈	햄	건포도	우유

9. 동네에서 만나고 싶은 사람들

활동목표	◉ 우리 동네에 살고 있는 사람들에 대해 관심을 갖는다. ◉ 우리 동네 사람들의 다양한 모습에 대해 안다. ◉ 내가 커서 되고 싶은 사람에 대해 생각해 보고 말로 표현한다.
AAC 목표	◉ 동네에서 만날 수 있는 다양한 사람들의 모습을 표현할 수 있다. ◉ 내가 커서 되고 싶은 사람을 AAC를 사용하여 표현할 수 있다.
4세 누리과정 관련 요소	◉ 사회관계: 사회에 관심 갖기-지역사회에 관심 갖고 이해하기 ◉ 의사소통: 말하기-느낌, 생각, 경험 말하기

📇 활동자료

'이다음에 커서'(별똥별, 2010) 플래시 동화, 우리 동네 사람들 사진

📇 활동방법

활동방법	Tips
🎁 플래시 동화 '이다음에 커서'를 보고 난 후 동화 내용에 대해 이야기 나눈다. • 동화에 어떤 사람들이 나왔니? AAC-I • 주인공 기봉이는 누굴까? • 주인공 기봉이는 무엇이 되고 싶어 했니? AAC-I • 동화에 나온 사람들 중에 어떤 사람이 가장 되고 싶니? • 동화에 나온 사람들 중에 만난 적이 있는 사람이 있니? • 동화에 나온 사람들 중에 만나고 싶은 사람은 누구니? • 우리 동네 사람들의 모습을 함께 보며 알아보자.	– AAC 기기에 유아가 주변에서 친숙하게 만날 수 있는 사람들과 관련된 상징을 미리 준비한다. – 반응을 유도하기 위해 동화에 나온 사람들의 그림카드를 4개, 3개, 2개로 하여 단계별로 제시한다.

🎁 우리 동네 사람들의 사진 자료를 보며 등장한 사람에 대해 이야기 나눈다. • 이 사람을 본 적이 있니? 어디서 봤니? AAC-2 • 무엇을 하고 있었니? AAC-2 • 이 사람은 무엇을 하고 있는 것 같니? • 어떤 옷을 입고 있니? • 사진 속에는 무엇이 보이니? AAC-1 • 동네 사람들 중에서 넥타이를 한 사람은 누구였니? AAC-2	– 우리 동네의 친숙한 사진을 사용하여 유아가 인식할 수 있도록 한다. – 동네 사람들(직업)의 특징들 중 유아가 쉽게 인식할 수 있는 것으로 한 가지씩을 강조한다.
🎁 만나고 싶은 동네 사람과 나중에 커서 되고 싶은 사람에 대해 이야기 나눈다. • 동화와 동네 사람들 사진에서 만나 보았던 사람 중에 가장 만나고 싶은 사람은 누구니? AAC-1 • 동화와 사진을 보면서 나중에 되고 싶은 사람이 있니? • 왜 그 일을 하는 사람이 되고 싶니?	– 유아에 따라 반응을 '예/아니요'로 대답할 수 있도록 질문을 한다.
🎁 '동네에서 만나고 싶은 사람들' 활동을 하고 난 느낌에 대해 이야기해 본다. • 우리 동네 사람들의 모습을 보니 어땠니? • 만나 보았던 동네 사람들 중에 커서 어떤 사람처럼 되고 싶니? AAC-2 • 우리 유치원에 초대하고 싶은 사람은 누구니?	– 우리 동네에서 만난 사람들의 사진을 찍은 후, '우리 동네 사람들' 책을 만들어 본다. – '내가 커서 되고 싶은 사람'이 누구인지 친구들 앞에서 이야기해 본다.

👤 평가

활동평가	• 우리 동네에 살고 있는 사람들에 대해 관심을 갖고, 동네 사람들의 다양한 모습을 아는지 평가한다. 1) 우리 동네에 살고 있는 사람들에 대해 관심을 가지는가? 2) 우리 동네 사람들의 다양한 모습의 특징을 아는가? • 내가 커서 되고 싶은 사람에 대해 생각해 보고 말로 표현하는지 평가한다. 1) 내가 커서 되고 싶은 사람에 대해 아는가? 2) 내가 커서 되고 싶은 사람에 대해 말로 표현하는가?
AAC 평가	• 동네에서 만날 수 있는 다양한 사람들의 모습을 표현할 수 있는가? • 내가 커서 되고 싶은 사람을 AAC를 사용하여 표현할 수 있는가?

AAC-1	기봉이, 제빵사, 소방관, 축구선수, 바나나, 아저씨, 아주머니, 슈퍼마켓, 불, 축구공, 빵, 비행기, 비행기 조종사, 화가, 물감
AAC-2	수의사, 동물, 세탁소, 다리미, 생선가게, 생선, 팔아요, 꽃가게, 꽃, 아픈, 사람, 치료해 줘요, 하고 싶어요, 되고 싶어요, 만나고 싶어요

기봉이	제빵사	소방관
축구선수	바나나	아저씨
아주머니	슈퍼마켓	불
축구공	빵	비행기
비행기 조종사	화가	물감

수의사	동물	세탁소
다리미	생선가게	생선
팔아요	꽃가게	꽃
아픈	사람	치료해 줘요
하고 싶어요	되고 싶어요	만나고 싶어요

내가 커서 어른이 되면 어떻게 될까? 내가 커서 되고 싶은 사람을 이야기해 봅시다.

내가	커서 어른이 되면	○○○ 하는	○○○이 되고 싶어요.

무엇을 하는?	축구공을 차는	동물을 치료하는	빵을 만드는

○○○이 되고 싶나요?	축구선수가 되고 싶어요.	수의사가 되고 싶어요.	제과제빵사가 되고 싶어요.

10. 국수 장터

활동목표	◉ 우리 동네에서 국수를 사 먹을 수 있는 장소에 관심을 갖는다. ◉ 우리 동네 장터에서 파는 국수 종류와 그 재료의 다양함을 안다. ◉ 친구들과 협력하여 국수 장터 놀이에 즐겁게 참여한다.
AAC 목표	◉ 내가 좋아하는 국수에 대한 감정(좋아요, 싫어요, 맛있어요, 맛없어요)을 표현 　할 수 있다. ◉ 여러 가지 국수의 특징에 대해 AAC 도구를 사용하여 이야기할 수 있다. ◉ 주어진 역할에 맞는 적절한 대화를 AAC 도구를 사용하여 시작할 수 있다.
4세 누리과정 관련 요소	◉ 사회관계: 사회에 관심 갖기–지역사회에 관심 갖고 이해하기 ◉ 예술경험: 예술적으로 표현하기–극 놀이로 표현하기

활동자료

수타면 동영상, 유아가 만든 국수 사진 PPT, 국수 메뉴판 PPT, 모형 그릇, 점토놀이 도구(국수
틀, 모형 칼, 밀대, 점토판), 다양한 국수 만들기 재료(점토, 필름, 털실, 색종이, 수수깡 등), 가게
간판, 화폐 모형(동전, 1000원짜리 지폐), 대기표, 계산기

활동방법

활동방법	Tips
🎁 수타면을 만드는 동영상을 보며 이야기를 나눈다. 　• 이런 모습을 본 경험이 있니? 　• 무엇을 만드는 것일까? AAC-I 　• 하얀 밀가루 반죽의 모양이 어땠니? AAC-I 　• 밀가루 반죽의 모양이 어떻게 변하고 있었니? 　• 너희들도 국수를 먹어 본 적이 있니? 　• 어디서 먹어 보았니? 　• 어떤 식당이었니?	

🎁 다양한 국수 사진 PPT를 보며 이야기 나눈다. • 이 국수의 이름은 무엇일까? AAC-2 • 먹어 본 경험이 있니? • 맛(색깔)은 어땠니? AAC-1 • 국수를 좋아하니? • 국수를 만드는 데 어떤 재료가 필요할까?	- 여러 가지 국수 사진을 제시하여 선택할 수 있도록 한다. - 경험에 대해 감정(좋아요, 싫어요, 맛있어요, 맛없어요 등)을 표현할 수 있도록 질문한다.
🎁 국수집을 꾸미는 방법에 대해 이야기를 나눈다. • 역할영역에 국수집을 꾸미려면 무엇이 필요할까? • 어떤 국수를 만들어 볼까? AAC-1 • 어떤 준비물이 필요할까?	- 국수 면발의 다양한 재료 준비가 어려울 경우 국수 메뉴판 PPT를 출력하여 음식 모형으로 사용하도록 한다.
🎁 유아들이 소품을 배치해 본다. • 계산기는 어디에 놓을까? (대기표, 국수재료 등) • 어디에서 국수를 만들면 좋을까? • 손님들은 어디서 주문을 해야 할까? AAC-2	- 음식의 완성도를 높일 수 있게 국수에 들어가는 양념을 표현할 수 있는 재료(색종이를 오려서 만든 파, 수수깡으로 만든 당근 등)도 함께 비치한다.
🎁 우리 동네 '국수 장터' 놀이에 필요한 역할에 대해 이야기를 나눈다. • '국수 장터' 놀이를 하려면 누가 있어야 하나? (계산원, 손님, 요리사 등) • 주문은 누구에게 해야 할까? • 손님은 주문할 때 뭐라고 말을 해야 할까? AAC-1 • 계산원은 계산할 때 뭐라고 말을 해야 할까? 🎁 어떤 재료로 국수(칼국수, 자장면, 스파게티, 쌀국수 등)를 만들면 좋을지 이야기 나눈다. • 어떤 국수를 만들고 싶니? • 어떤 재료로 만들면 좋을까? AAC-2	- 손님 역할에 대해 이야기를 나눌 때 식당에서의 예절에 대해 생각해 볼 수 있는 기회를 갖도록 한다. - 손님 역할에서 원하는 국수를 "주세요."라고 표현할 수 있도록 한다. - 계산원 역할에서 "감사합니다." 라고 표현할 수 있도록 한다.
🎁 역할을 정하고 '국수 장터' 놀이를 한다. • (국수 메뉴판 PPT를 보며) 주문은 어떻게 해야 할까? • 국수를 주문할 때 어떻게 말하면 좋을까? AAC-2 • 국수를 주문하고 기다리는 손님에게 무엇을 주면 좋을까? • 주문한 국수를 주면서 뭐라고 말하면 좋을까? AAC-2	- 국수와 재료를 사진으로 출력한 뒤 코팅하여 국수 사진에 양념을 떼고 붙이는 놀잇감을 제작할 수 있다.

🎁 우리 동네 '국수 장터' 놀이를 하며 느낀 점에 대해 이야기 나눈다. • 어떤 역할을 해 봤니? • 어떤 점이 재미있었니? AAC-1 • 어려웠던 점은 없었니? • 다음에는 어떤 역할을 해 보고 싶니?	− 활동에 참여한 후 감정에 대해 표현할 수 있도록 한다. − 유아의 반응을 기다려 주고, 반응이 없을 시 그림카드를 사용하여 선택하도록 한다.

👤 평가

활동평가	• 우리 동네에서 맛있는 음식을 사 먹을 수 있는 장소에 관심을 갖는지 평가한다.
	  1) 우리 동네에서 맛있는 음식을 사 먹을 수 있는 장소에 관심을 가지는가?
	  2) 여러 종류의 국수를 사 먹을 수 있는 장소에 관심을 가지는가?
	• 우리 동네 장터에서 파는 국수 종류와 다양한 국수 재료를 아는지 평가한다.
	  1) 우리 동네 장터에서 파는 국수 종류를 아는가?
	  2) 우리 동네 장터에서 파는 국수의 다양한 재료를 아는가?
	• 친구들과 협력하여 국수 장터 놀이를 즐기는지 평가한다.
	  1) 친구들과 협력하여 국수 장터 놀이를 하는가?
	  2) 국수 장터 놀이에 즐겁게 참여하는가?

AAC 평가	• 내가 좋아하는 국수에 대한 감정(좋아요, 싫어요, 맛있어요, 맛없어요)을 표현할 수 있는가? • 여러 가지 국수의 특징에 대해 AAC 도구를 사용하여 이야기할 수 있는가? • 주어진 역할에 맞는 적절한 대화를 AAC 도구를 사용하여 시작할 수 있는가?

AAC 단계별 활동어휘목록

AAC-1	국수, 스파게티, 자장면, 흰색, 빨간색, 검은색, 젓가락, 길어요, 짧아요, 맛있어요, 맛없어요, 감사합니다, 좋아요, 싫어요, 주세요
AAC-2	칼국수, 쌀국수, 면, 그릇, 소스, 대기표, 주문하시겠습니까?, 얼마예요?, 어서 오세요, 안녕히 가세요, 재미있어요, 재미없어요, 더, 주세요, 하고 싶어요

국수	스파게티	자장면
흰색	빨간색	검은색
젓가락	길어요	짧아요
맛있어요	맛없어요	감사합니다
좋아요	싫어요	주세요

칼국수

쌀국수

면

그릇

소스

대기번호
003
00명 대기중

대기표

주문하시겠습니까?

얼마예요?

어서 오세요

안녕히 가세요

재미있어요

재미없어요

더 주세요

하고 싶어요

내가 만들고 싶은 국수를 만들어 보세요. 넣고 싶은 재료를 넣어 봅시다. 그리고 국수의 재료에 따라 색이 어떻게 달라지는지도 알아봅시다.

흰색

◀ 하얀 국수에 어떤 재료를 넣어 볼까요?

당근을 넣어요.

호박을 넣어요.

고기를 넣어요.

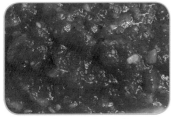

토마토 소스를 넣어요.

자장을 넣어요.

국물을 넣어요.

내가 만든 국수의 색은 어떻게 변했나요?

빨간색

검은색

흰색

제**4**장

5세 활동서

1. 동네 안내원 놀이

활동목표	⊙ 우리 동네에 있는 명소와 그 위치를 안다. ⊙ 우리 동네에 있는 명소를 안내한다. ⊙ 동네 안내원 놀이에 즐겁게 참여한다.
AAC 목표	⊙ 우리 동네 명소의 이름을 듣고 그림이나 사진을 찾는다. ⊙ 요청하는 명소와 관련된 그림 표지판을 AAC 상징에서 찾는다. ⊙ 동네 안내원 놀이에 관련된 말이나 어휘를 AAC 도구에서 듣고 말한다.
5세 누리과정 관련 요소	⊙ 자연탐구: 수학적 탐구하기-공간과 도형의 기초개념 형성하기 ⊙ 사회관계: 사회 관심 갖기-지역사회에 관심 갖고 이해하기 ⊙ 예술경험: 예술적 표현하기-극 놀이로 표현하기

👤 활동자료

동네 안내원 놀이자료 삽화(안내원 목걸이, 우리 동네 안내소 간판, 안내 깃발, 지시봉), 모형마이크, '우리 동네 지도를 그려요' 활동 시 만든 지도를 활용한 안내도, 쓰기 도구, 메모지, 유아들이 만든 안내도, 초등학생이 만든 안내도

👤 활동방법

활동방법	Tips
🎁 유아들이 사전활동으로 만든 안내도와 초등학생이 만든 안내도를 보면서 이야기를 나눈다. • 이 그림들은 무엇을 그린 그림일까? • 두 그림의 같은 점과 다른 점은 무엇일까? AAC-2 • 안내도에서 동네에 있는 산(강, 도로, 공원)을 찾아보겠니? AAC-1 • 어떻게 표시했니? AAC-1 • 안내도를 보면서 우리 동네의 유명한 장소들을 소개해 볼까? AAC-2	– 유아들이 만든 안내도에서 관련된 명소를 쉽게 식별할 수 있도록 실물 사진을 함께 부착해 찾아보도록 한다. – 주의집중이 어려운 유아에게는 사진을 순차적으로 한 장씩 제시하고 확인한다.

🎁 우리 동네의 모습을 알려 줄 수 있는 방법에 대해 이야기 나눈다.
- 우리 동네에 처음 온 사람에게 동네를 안내하려면 어떻게 해야 할까? AAC-2
- 친구들이 우리 동네를 안내한다면 먼저 안내하고 싶은 곳은 어디니? AAC-1

– 유아가 AAC 도구로 전달하는 내용을 확인하고 또래와 상호작용할 수 있도록 안내한다.

🎁 우리 동네 안내원 놀이에 필요한 역할에 대해 이야기 나눈다.
- 우리 동네를 안내하려면 어떤 사람들이 있어야 할까? AAC-1
- 안내할 때는 뭐라고 말하면 좋을까? AAC-2
- 안내받을 때 필요한 것은 무엇일까? AAC-1
- 가고 싶은 곳을 쉽게 찾을 수 있도록 표지판에 그림이 있으면 어떨까? AAC-1

– 유아들이 만든 안내도에서 관련된 명소를 쉽게 식별할 수 있도록 실물 사진을 함께 부착해 찾아보도록 한다.

 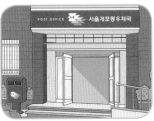

- 소방서에 가야 하는데 어디 있는지 잘 못 찾겠네. ○○가 소방차가 그려진 그림표지판을 찾아 안내해 주겠니? AAC-1

🎁 유아와 함께 동네 안내원 놀이에 필요한 소품을 찾거나 함께 만든다.
- 안내원 놀이에 무엇이 필요할까? AAC-1
- 안내받는 사람은 무엇을 가지고 있을까? AAC-1
- 왼쪽, 오른쪽, 앞, 뒤 방향은 무엇으로 가리킬까? AAC-1
- 놀이에 더 필요한 것이 있니? AAC-1
- 필요한 것을 어떻게 만들면 좋을까? AAC-2

– 유아들과 동네 돌아보기를 할 때 시·군청 관광안내과에 들러 안내를 받거나 설명을 듣고 필요한 자료를 가져오도록 한다.

🎁 유아와 역할을 나누어 동네 안내원 놀이를 한다. 　• 우리 동네에서 유명한 곳은 어디에 있니? AAC-1	– 유아들이 알고 있는 수준의 특징 적인 그림을 활용하여 이해를 돕 는다.
🎁 동네 안내원 놀이를 한 후 생각과 느낌에 대해 이야기 나눈다. 　• 어떤 역할을 해 보았니? AAC-1 　• 우리 동네를 어떻게 안내해 주었니? AAC-2 　• 안내를 받았을 때 어떤 생각이 들었니? AAC-2 　• 친구를 어떻게 안내하였니? AAC-2	

🪪 평가

활동평가	• 동네 안내원 놀이를 통해 명소의 위치를 알고 안내하는지 평가한다. 　1) 우리 동네에 있는 명소의 위치를 아는가? 　2) 우리 동네의 명소를 안내하는가? • 동네 안내원 놀이에 즐겁게 참여하는지 평가한다. 　1) 우리 동네 안내원 놀이에 즐겁게 참여하는가?
AAC 평가	• AAC 도구를 사용하여 동네 명소의 상징을 선택할 수 있는가? • AAC 도구를 사용하여 동네 명소 그림 표지판을 선택할 수 있는가?

AAC 단계별 활동어휘목록

AAC-1	우리 동네 안내도, 유치원, 경찰서, 우체국, 아파트, 놀이터, 마트, 소방서, 빵집, 은행, 식당, 병원
AAC-2	함께 가 보아요, 여기는 이마트예요, 친절하게 안내해요, 기분 좋게 안내해요, 안내하니까 재미있었어요, 안내하니까 흥미로웠어요, 안내받으니까 재미있었어요, 안내받으니까 기분 좋았어요

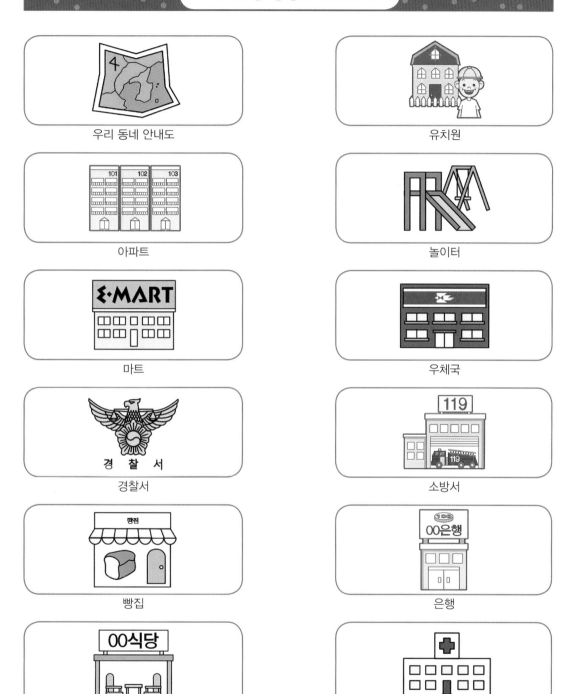

우리 동네 안내도	유치원
아파트	놀이터
마트	우체국
경찰서	소방서
빵집	은행
음식점	병원

함께

가 보아요

여기는

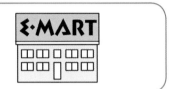

마트예요

즐겁게

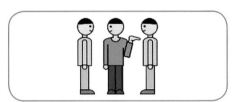

안내해요

기분 좋게

안내해요

안내하니까

흥미로웠어요

안내받으니까

재미있었어요

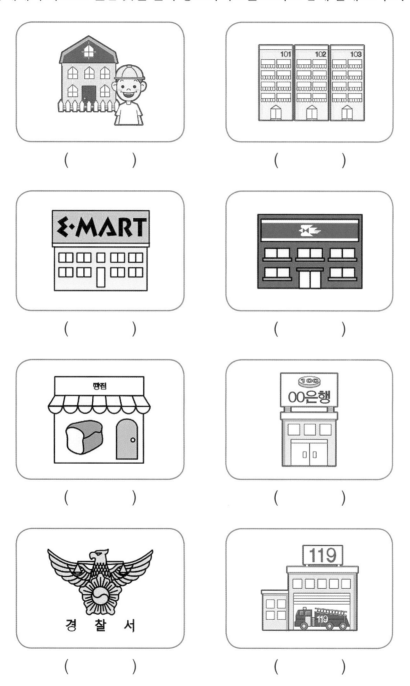

🛒 우리 동네에서 가 보고 싶은 곳을 골라 동그라미표를 그리고 함께 말해 보아요.

(   )

(   )

(   )

(   )

(   )

(   )

(   )

(   )

2. 강아지 장난감을 배달해 주세요

활동목표	◉ 주소에 대해 관심을 가진다. ◉ 우리 동네의 위치를 나타내는 말을 한다. ◉ 친구들과 협력하여 택배놀이를 한다.
AAC 목표	◉ 자신의 주소를 AAC 상징을 사용하여 표현한다. ◉ 그림 및 색깔 단서가 있는 AAC 상징을 활용하여 알맞은 길을 찾는다. ◉ 친구와 함께 택배놀이 시 AAC 상징을 사용하여 의사소통을 돕는다.
5세 누리과정 관련 요소	◉ 사회관계: 사회에 관심 갖기−지역사회에 관심 갖고 이해하기 ◉ 예술경험: 예술적 표현하기−극 놀이로 표현하기

🔲 활동자료

다양한 택배 상자, 택배 조끼, 배달 운반 도구, 전화기, 쓰기 도구, 손 인형, 강아지 장난감, 동네 이정표, 횡단보도, 동네에 있는 조형물 모형(아파트 및 주택, 신호등, 도로 표지판 등), 우리 동네 길, 동네 이정표, 택배 소품, 택배 용지, 택배 배달 순서

🔲 활동방법

활동방법	Tips
🎁 손 인형을 이용하여 택배놀이에 대해 이야기 나눈다. • 강아지 장난감을 배달해 달라는 전화가 왔어요. AAC-I • 강아지 인형을 어떻게 배달해 줄 수 있을까? AAC-I • 강아지 인형을 배달하기 위해서 필요한 것은 무엇일까? 　(배달용 차, 배달하는 사람, 주소, 받을 사람이 적힌 택배 용지) AAC-I 	

🎁 택배 소품을 보여 주며 이야기 나눈다.

- 역할놀이영역에 있는 자료들을 보니 무엇이 생각나니?
- '우리 동네 쌓기로 2번지'로 강아지를 배달해 주자.
- 역할놀이영역에 있는 자료들 중에 강아지 장난감이 있었니? AAC-1
- 찾아와 줄 수 있겠니? AAC-1

🎁 교실을 동네로 꾸미는 방법을 알아본다.

- 우리 동네에는 어떤 길이 있니? AAC-1
- 길 이름을 어떻게 지으면 좋을까? AAC-2
- 교실의 통로에 길 이름을 지어 주자.

  (쌓기로, 역할로, 미술로, 음률로) AAC-1

🎁 유아들이 소품을 배치해 본다.

- ○○은 어디에 놓을까? AAC-1

  (아파트, 주택, 신호등, 도로 표지판 등)

🎁 '강아지 장난감을 배달해 주세요' 놀이에서 필요한 역할에 대해 이야기 나눈다. AAC-1 • 강아지 장난감을 배달하려면 누가 있어야 하니? 　(택배기사, 택배받는 사람, 아파트 경비원 등) • 택배기사 역할은 어떻게 정해야 할까?	- 배달해야 하는 강아지 장난감을 상자에 챙겨 넣고, 택배 상자를 양손으로 잡아 받는 사람의 손에 전달하도록 한다.

🎁 배달할 장소로 가는 길에 대해 이야기 나눈다. AAC-1 • 장난감을 배달해야 할 곳은 ○○로에 있니? • ○○네 집은 무슨 아파트로 하면 좋을까? • 몇 동 몇 호로 하면 좋을까? • 강아지 장난감을 배달해야 하는 장소는 어디니? • ○○네 집은 어떤 길로 하면 좋을지 골라 줄 수 있겠니?	− 수정자료 제작 시 그림이 있는 동네 이정표, 배지 색상과 바닥에 표시한 도로 색상을 같은 색으로 통일한다.
🎁 주소를 적은 택배 용지를 만들어 역할놀이 '강아지 장난감을 배달해 주세요'를 한다.	
🎁 택배를 바르게 배달했는지 확인해 본다. • 택배 상자에 적혀 있는 주소와 배달된 동네의 이름이 같니? AAC-1 • 잘못 배달되었다면 어떻게 해야 할까? AAC-1	− 주소가 적힌 종이의 색과 바닥에 표시한 도로의 색상도 같게 하여 유아가 같은 색깔을 찾아 배달해 볼 수 있도록 한다.
🎁 역할놀이 후 느낀 점에 대해 이야기 나눈다. • 물건을 배달하거나 받을 때 재미있었던 점은 무엇이니? • 물건을 배달하거나 받을 때 어떤 점이 어려웠니? AAC-2 • 우리가 배달한 동네 이름은 무엇이었니? AAC-1	

👤 평가

활동평가	• 동네의 길과 위치를 아는지 평가한다. 1) 우리 동네의 길과 위치를 아는가? 2) 주소에 맞게 길과 건물의 위치를 찾을 수 있는가? • 친구들과 협력하여 택배놀이를 즐기는지 평가한다. 1) 친구들과 협력하는가? 2) 택배놀이에 즐겁게 참여하는가?
AAC 평가	• 강아지 인형을 배달하는 데 필요한 물건을 AAC 상징에서 찾을 수 있는가? • 강아지 인형을 누구네 집에 배달해 주었는지를 AAC 상징에서 찾을 수 있는가?

AAC 단계별 활동어휘목록

AAC-1	택배, 트럭, 자동차, 우체부 아저씨, 택배 용지, 역할로, 쌓기로, 음률로, 미술로, 럭키아파트, 삼성아파트, 123−1, 같다, 다르다, 보내는 사람 전화번호

택배	트럭	자동차
우체부 아저씨	택배 용지	역할로
쌓기로	음률로	미술로
럭키아파트	삼성아파트	123-1
같다	다르다	보내는 사람 전화번호

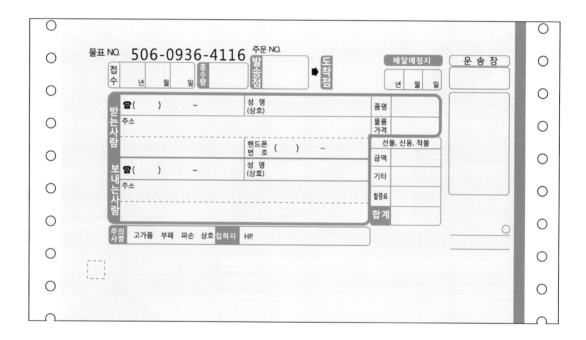

우리 집 주소를 택배 용지에 적어 봅시다.

3. 우리 동네에 숨어 있는 글자

활동목표	◉ 우리 동네에 있는 표지판에 관심을 가진다. ◉ 우리 동네에 있는 표지판의 의미를 안다. ◉ 우리 동네 표지판 책을 만든다.
AAC 목표	◉ 표지판의 그림과 의미를 AAC 상징을 통해서 구별한다. ◉ 가위, 풀, 쓰기 도구를 이용하여 만든 우리 동네 표지판 책을 보고 표지판 의미를 구별할 수 있다.
5세 누리과정 관련 요소	◉ 사회관계: 사회에 관심 갖기−지역사회에 관심 갖고 이해하기 ◉ 의사소통: 쓰기−쓰기에 관심 가지기 ◉ 의사소통: 읽기−읽기에 관심 가지기

🔲 활동자료

우리 동네에서 볼 수 있는 글자가 있는 표지판 PPT(우체국, 지하철, 자전거 전용표지판, 자전거 보관소 표지판, 어린이보호구역 표지판, 택시 승강장, 길안내 표지판, 화물차 통행금지 표지판, 가게 표지판), 종이, 쓰기 도구

🔲 활동방법

활동방법	Tips
🎒 우리 동네에서 볼 수 있는 다양한 표지판, 간판 등의 사진을 보며 이야기 나눈다. • 어떤 사진이 있니? AAC-1 • □□ 표시를 본 적이 있니? AAC-1 • □□ 표시에는 무엇이라고 쓰여 있니? AAC-2 • 이곳은 무엇을 하는 곳일까? 어떻게 알 수 있었니? AAC-2	− '우리 동네 둘러보기'를 할 때 사진을 활용하여 언어영역의 환경게시판에 비치해 두고 유아가 다양한 표지판을 찾아보며 관심을 가질 수 있도록 한다.

🎁 여러 표지판의 의미에 대해 이야기 나눈다. 　• 이것은 무엇을 나타내는 표시일까? AAC-1 　• 이 표시는 우체국을 나타내는구나. 왜 우체국을 이 표 　　시로 나타낼까? AAC-2 　• 이 표지판(어린이보호구역 표지판)은 어디서 보았니? 　　AAC-1 　• 이것(자전거보관소 표지판)은 자전거를 보관하는 곳을 　　알려 주는 표지판이란다.	– 유아가 평소에 좋아하는 장소 　(놀이공원, 마트 등)를 나타내는 　표지판의 글자를 이용하여 책 만 　들기 활동에 대한 관심을 유도할 　수 있다.
🎁 여러 가지 표지판을 선택하여 우리 동네 표지판 책을 만든다. 　AAC-1 　• 책의 표지에는 무엇이 있어야 할까? 　• 책의 표지를 어떻게 꾸며야 우리 동네 표지판 책이라는 　　것을 알 수 있을까? 　• 어떤 표지판을 사용하여 책을 만들고 싶니? 　• 표지판과 함께 또 무엇이 있으면 좋을까? 　　(표지판을 설명하는 글)	– 가위질 또는 글자 쓰기가 어려울 　수 있으므로 그림 또는 글자의 　테두리를 굵게 표시하여 유아가 　선을 따라 오리거나 글자를 따라 　써 보도록 한다. – 풀, 가위의 사용이 어려운 유아 　의 경우 라벨지에 표지판 그림이 　나 글자를 인쇄하여 스티커처럼 　책에 붙여 보도록 한다.
🎁 완성된 우리 동네 표지판 책을 소개한다. 　• 완성한 책을 친구들에게 직접 보여 줄 수 있겠니?	
🎁 우리 동네 표지판 책 만들기 활동을 평가한다. 　• □□ 표지판은 무엇을 나타내니? AAC-2 　• 새롭게 알게 된 것은 무엇이니? AAC-1	

활동평가	• 우리 동네에 있는 표지판의 의미를 알고 표지판 책을 만드는지 평가한다. 1) 동네의 표지판에 관심을 가지는가? 2) 우리 동네에 있는 표지판의 의미를 아는가? 3) 우리 동네 표지판 책을 만드는가?
AAC 평가	• 다양한 표지판을 AAC 상징에서 구별하여 선택할 수 있는가? • 다양한 표지판의 의미를 AAC 상징판에서 구별하여 선택할 수 있는가 ?

AAC 단계별 활동어휘목록

AAC-1	자전거보관소, 어린이보호구역, 택시 승강장, 우체국, 지하철, 길안내 지도, 놀이공원, 마트, 새
AAC-2	우체국 그림에는, 새가, 숨어 있어요, 편지를, 배달해 주어요, 어린이보호구역 그림에는, 엄마와 아기 그림이 있어요

자전거보관소

어린이보호구역

택시 승강장

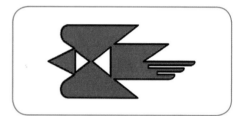

우체국

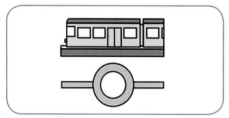

지하철

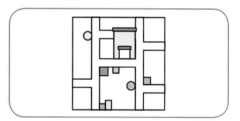

길안내 지도

놀이공원

마트

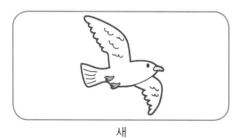

새

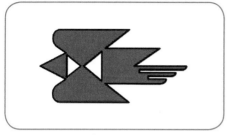

우체국 그림에는

새가

숨어 있어요

새가

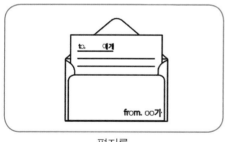

편지를

배달해 주어요

어린이보호구역 그림에는

엄마와 아기 그림이 있어요

표지판의 이름을 찾아 연결하세요.

어린이보호구역

자전거보관소

우체국

택시 승강장

지하철

4. 내가 사는 동네 그래프

활동목표	◉ 나와 친구가 살고 있는 동네 이름을 안다. ◉ 그래프를 보며 수의 많고 적음을 비교한다.
AAC 목표	◉ 내가 살고 있는 동네 이름에 관심을 가진다. ◉ 그래프를 보고 '많다/적다'의 개념을 익힌다. ◉ 친구들 사진과 AAC 상징을 통해서 내가 살고 있는 동네에 같이 살고 있는 친구들을 찾아볼 수 있다.
5세 누리과정 관련 요소	◉ 사회관계: 사회에 관심 갖기–지역사회에 관심 갖고 이해하기 ◉ 자연탐구: 수학적 탐구하기–기초적인 자료 수집과 결과 나타내기

👤 활동자료

동네 이름이 적힌 종이, 이름을 기록할 종이, 펜, 풀, 네모 모양 유니트 블록, 유아 사진

👤 활동방법

활동방법	Tips
🎁 유아들이 살고 있는 동네 이름에 대해 이야기 나눈다. • ○○는 어느 동네에 살고 있니? AAC-1 • ○○와 같은 동네에 살고 있는 친구는 누굴까? AAC-1 • ○○동에 살고 있는 친구는 누굴까? AAC-1 • 우리 친구들이 살고 있는 동네 이름을 모두 말해 볼까?	– 가정과 연계하여 자신이 살고 있는 동네 이름을 미리 알아 오도록 한다.
🎁 유아들의 이름을 기록 종이에 적은 후 자기가 살고 있는 동네 이름 칸에 붙여 그래프를 만들어 본다. • 이름 기록 종이에 이름을 적어 보겠니? • 자기가 살고 있는 동네에 차례로 붙여 볼까?	– 글자를 어려워하는 유아가 있을 수 있으므로 유아의 얼굴 사진을 이름카드에 작게 붙여 두어 유아가 사는 동네를 찾기 쉽도록 이름카드와 그래프판에 표시해 둔다.

🎁 그래프의 결과를 살펴보며 같은 동네에 사는 유아들의 수를 비교해 본다. AAC-1
- ○○동 사는 친구들은 몇 명이니?
- 가장 많은(적은) 친구들이 사는 동네는 어디니?
- ○○동에 사는 친구들은 ☆☆동에 사는 친구들보다 몇 명이 더 많니(적니)?
- 같은 수의 친구들이 사는 동네는 어디니?

– 유아들이 구체적인 수 세기를 할 수 있도록 그래프에 붙인 스티커 옆에 작은 자석과 같은 칩을 스티커별로 하나씩 붙여 두어 하나씩 떼어 가며 세어 볼 수 있도록 한다.

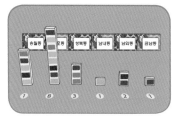

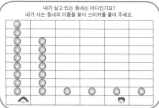

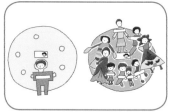

📋 평가

활동평가	• 나와 친구가 살고 있는 동네 이름을 아는지 평가한다.
	  1) 동네 이름에 관심을 갖는가?
	  2) 나와 친구가 살고 있는 동네의 이름을 아는가?
	• 그래프를 보며 수의 많고 적음을 비교할 수 있는지 평가한다.
	  1) 그래프를 구성할 수 있는가?
	  2) 그래프를 보며 수의 많고 적음을 비교할 수 있는가?

AAC 평가	• 자신이 살고 있는 동네 이름을 AAC 상징판에서 구분할 수 있는가? • 친구들이 살고 있는 동네 이름을 AAC 상징판에서 구분할 수 있는가? • 많음/적음을 AAC 상징판에서 구분할 수 있는가?

AAC 단계별 활동어휘목록

AAC-1	언남동, 대신동, 5명, 7명, 많다, 적다, 스티커, 붙여요

언남동

대신동

5명

7명

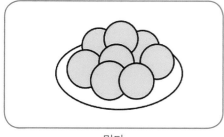

많다

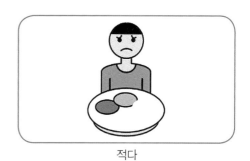

적다

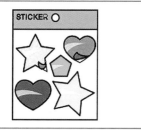

스티커

붙여요

📝 우리 동네 이름과 아파트 이름을 써 봅시다.

서울시 마포구 대신동 ○○아파트
서울시 마포구 대신동 ○○아파트

📝 동네에 있는 기관 그래프를 보고 가장 많은 친구들이 가 보고 싶어 하는 기관의 이름을 쓰고 함께 이야기해 보아요.

활동목표	◉ 우리 동네에 있는 다리의 모양에 관심을 가진다.
	◉ 다리 모양에 따라 힘의 차이를 비교해 본다.
AAC 목표	◉ 다리의 그림과 상징을 보고 따라 말한다.
	◉ 같은 다리 모양을 구분하여 찾는다.
5세 누리과정 관련 요소	◉ 자연탐구: 수학적 탐구하기-공간과 도형의 기초개념 형성하기
	◉ 자연탐구: 탐구하는 태도 기르기-탐구과정 즐기기
	◉ 사회관계: 사회에 관심 갖기-지역사회에 관심 갖고 이해하기

👤 활동자료

여러 종류의 다리 사진 PPT(육교, 아치다리, 징검다리, 구름다리), 종이 2장, 종이로 만든 다리에 붙일 두꺼운 밑판, 고무찰흙, 투명테이프

👤 활동방법

활동방법	Tips
🎁 우리 동네에 있는 다리에 대해 이야기 나눈다.	
• 우리 동네에서 다리를 본 적 있니? AAC-1	
• 다리는 어떤 모양이었니? AAC-1	
• 왜 다리를 만들었을까? AAC-2	
🎁 여러 가지 모양의 다리 사진자료를 보며 이야기 나눈다.	
• 이런 다리를 본 적이 있니? AAC-1	

- 어디에서 보았니? AAC-I
- 우리 동네에 있는 다리와 어떻게 다르니?
- 이런 모양을 무엇이라고 부를까? AAC-I
- 아치 모양처럼 만들어진 것은 무엇이 있을까? AAC-I
- 그래서 아치다리를 '무지개다리'라고도 부른단다.
- 육교와 아치다리는 어떤 점이 다르니?

🎁 네모 모양의 다리와 아치 모양의 다리를 만들어 물건을 올려놓아 보는 실험을 한다. • 길이가 다른 종이 띠를 이용해서 네모 모양의 다리와 아치 모양의 다리를 만들어 보자. • 두 가지 모양의 다리 위에 같은 양의 고무찰흙을 올리면 어떻게 될까? • 다리 위에 고무찰흙을 올리니 다리가 어떻게 되었니? 다리 위에 고무찰흙을 올리면 다리가 아래로 내려가는구나. 어떤 다리가 더 많이 내려갔니? 손으로 가리켜 보겠니? • 왜 이렇게 되었을까?	– 다리를 접는 선을 굵게 표시해 주거나 살짝 접어 두어 유아가 종이를 접기에 용이하도록 한다. – 유아 스스로 다리 위에 고무찰흙을 올릴 수 있도록 올릴 지점에 스티커로 표시해 둔다.
🎁 활동을 평가한다. • 우리 동네에는 어떤 모양의 다리가 있었니? AAC-I • 종이로 다리를 만들어 실험해 보니 어땠니? AAC-I • 궁금한 점은 무엇이니? • 무엇을 더 해 보고 싶니?	– 직접 만들어 본 다리에 그림 자료를 갖다 대어 같은 모양을 쉽게 찾을 수 있도록 그림 자료의 크기를 다리 종이와 비슷하게 맞춘다.

👤 평가

활동평가	• 우리 동네에 다양한 다리 모양이 있음을 아는지 평가한다. 　1) 우리 동네의 다양한 다리 모양에 관심을 가지는가? 　2) 우리 동네에 다양한 다리 모양이 있음을 아는가? • 같은 종이 띠로 다리를 만들어 아치 모양 다리와 네모 모양의 다리에 주어지는 힘의 차이에 관심을 가지는지 평가한다. 　1) 종이 띠로 다리를 만들 수 있는가? 　2) 아치 모양 다리와 네모 모양 다리에 전달되는 힘의 차이를 비교할 수 있는가?

AAC 평가	• 다리의 이름을 듣고 AAC 상징에서 찾을 수 있는가? • 자신이 만든 다리의 모양과 같은 AAC 상징을 찾을 수 있는가?

AAC 단계별 활동어휘목록

AAC-1	아치다리, 구름다리, 다리, 육교, 징검다리, 네모 모양, 아치 모양, 무지개 모양, 차도, 강
AAC-2	다리는, 강을 건널 때, 필요해요, 강에서, 보았어요, 차도에서, 찰흙을 올리면, 아래로, 가라앉아요

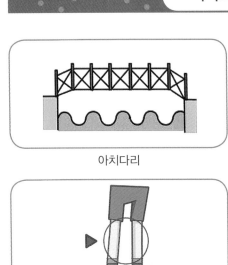

아치다리

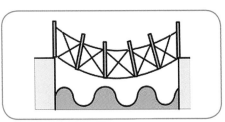

구름다리

다리

육교

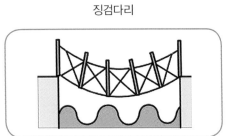

징검다리

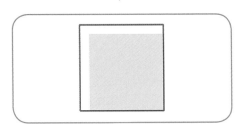

네모 모양

아치 모양

무지개 모양

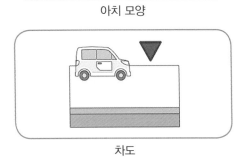

차도

강

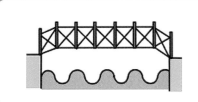

다리는

강을 건널 때

필요해요

강에서

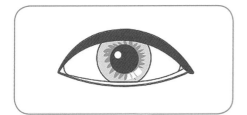

보았어요

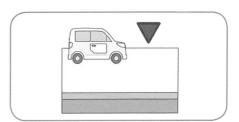

차도에서

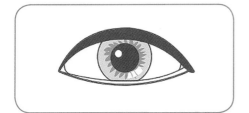

보았어요

찰흙을 올리면

아래로

가라앉아요

🧺 다음 다리 모양의 이름을 보기에서 찾아 적어 보고 함께 이야기해 보세요.

보기

(1) 아치다리   (2) 육교   (3) 네모다리

6. 우리 동네를 함께 꾸며요

활동목표	◉ 우리 동네의 모습과 특징을 안다. ◉ 우리 동네의 특징을 살려 동네 모습을 창의적으로 꾸민다.
AAC 목표	◉ 우리 동네에서 내가 좋아하는 곳의 사진과 상징을 보고 구별한다. ◉ 다양한 사진 자료와 AAC 상징을 사용하여 동네 모습 꾸미기 활동에 참여한다.
5세 누리과정 관련 요소	◉ 사회관계: 사회에 관심 갖기–지역사회에 관심 갖고 이해하기 ◉ 예술경험: 예술적 표현하기–미술활동으로 표현하기

📷 활동자료

여러 가지 모양과 형태의 폐품(상자, 우유갑, 요구르트 병, 휴지속대, 플라스틱 원통 등)과 꾸미기 재료(색종이, 다양한 색 시트지, 수수깡, 우드락, 가위, 다양한 종류의 접착제), 기관 마크 그림, 사진 자료(사전에 우리 동네 둘러보기 활동 시 찍은 건물 모습, 도로 모습, 인도를 걸어 다니는 모습, 자전거를 타는 모습 등)

📷 활동방법

활동방법	Tips
🎁 우리 동네를 돌아보면서 찍었던 사진을 보며 이야기 나눈다. 　• 여기는 어디일까? AAC-1 　• 우리 동네를 돌아보고 나서 가장 기억에 남는 모습은 무엇이니? AAC-2 　• 이곳은 무엇을 하는 곳일까? AAC-2 　• 이곳 옆(앞, 뒤)에는 어떤 곳들이 있겠니? AAC-1	– 동네 둘러보기 활동을 할 때 찍은 사진을 환경 게시판에 게시해 두어 유아가 자연스럽게 동네의 모습에 관심을 가지도록 한다.
🎁 여러 가지 재료를 사용하여 우리 동네를 꾸미는 방법을 이야기 나눈다. 　• 우리 동네를 돌아보며 보았던 모습을 배경판에 나타내려면 어떤 방법이 있을까? 　• 어떤 재료가 필요할까? AAC-1	

• ○○ 재료로 무엇을 만들 수 있을까? • 우리 동네를 꾸미려고 할 때 우리의 사진도 사용할 수 있을까? • 우리 유치원은 어디로 정할까? • ○○는 어느 곳에 있을까? • ○○의 옆은 어디라고 정할까?	
🎁 폐품을 활용하여 우리 동네를 꾸며 본다. • 폐품과 꾸미기 재료를 사용하여 건물을 만들어 볼까? AAC-1 • 만든 건물을 배경판에 붙여 볼까? • 기관 마크는 어디에 놓아 볼까? • 건물을 만든 후 소품(나무, 신호등 등)을 이용하여 우리 동네를 꾸며 볼까?	– 작품의 높은 완성도보다는 다양한 재료와 도구를 탐색하여 꾸미기를 시도해 보도록 한다.
🎁 우리 동네를 꾸며 본 느낌을 이야기 나눈다. • (완성된 작품을 보며) 이곳은 어디일까? AAC-1 • ○○을 이렇게 꾸민 이유는 무엇이니? AAC-2 • 더 꾸며 보고 싶은 곳이 있니? AAC-1 • 꾸밀 때 어려운 점은 무엇이었니? AAC-2	

👤 평가

활동평가	• 우리 동네의 모습과 특징을 알고 우리 동네를 창의적으로 꾸미는지 평가한다. 1) 우리 동네의 모습과 특징을 아는가? 2) 우리 동네를 창의적으로 꾸밀 수 있는가?
활동평가 수정	• 우리 동네에 있는 상점이나 명소의 사진을 보고 좋아하는 곳의 모습과 이름을 아는지 평가한다. 1) 여러 상점이나 명소의 사진 중에서 좋아하는 곳의 사진을 고르는가? 2) 좋아하는 곳의 이름을 아는가? • 다양한 재료와 도구를 사용하여 꾸미기 1) 다양한 재료와 도구를 사용하여 꾸미기 활동에 참여하는가?
AAC 평가	• 우리 동네에서 내가 좋아하는 곳을 AAC 상징판에서 선택할 수 있는가? • 우리 동네에서 내가 좋아하는 곳의 상징을 AAC 상징판에서 선택할 수 있는가?

AAC 단계별 활동어휘목록

AAC-1	공원, 마트, 유치원, 도서관, 피자가게, 상자, 우유갑, 요구르트 병, 휴지속대, 플라스틱 병, 나무, 신호등
AAC-2	우유갑으로, 만들어요, 요구르트 병으로, 우리 동네를, 만들고 나니, 보기 좋아요

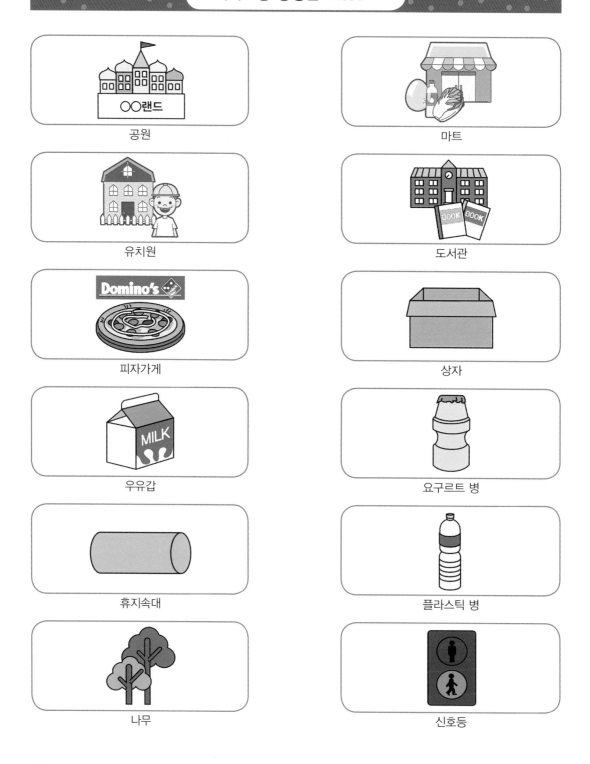

공원	마트
유치원	도서관
피자가게	상자
우유갑	요구르트 병
휴지속대	플라스틱 병
나무	신호등

우유갑으로

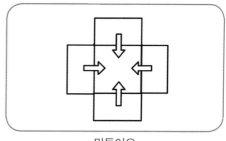

만들어요

요구르트 병으로

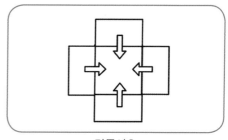

만들어요

우리 동네를

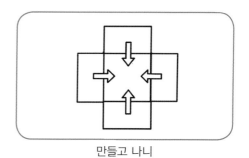

만들고 나니

보기 좋아요

🛒 내가 좋아하는 상점의 로고를 보고 그려 보세요.

7. 우리 동네에 있는 건물과 조형물을 알아보아요

활동목표	◉ 우리 동네에 있는 다양한 건물과 조형물에 관심을 가진다. ◉ 우리 동네에 있는 건물과 조형물의 모양과 형태를 안다. ◉ 우리 동네에 있는 건물과 조형물을 아끼고 보존한다.
AAC 목표	◉ 다양한 건물과 조형물의 그림과 상징을 구별한다. ◉ 기본 도형의 모양을 AAC 상징으로 표현된 조형물에서 찾아낼 수 있다.
5세 누리과정 관련 요소	◉ 자연탐구: 수학적 탐구하기-공간과 도형의 기초개념 형성하기 ◉ 사회관계: 사회에 관심 갖기-지역사회에 관심 갖고 이해하기 ◉ 예술경험: 아름다움 찾아보기-미술적 요소 탐색하기

활동자료

우리 동네에 있는 특별한 조형물과 건물 사진

활동방법

활동방법	Tips
🎁 '우리 동네 돌아보기' 후 촬영한 사진이나 PPT로 제작된 사진을 보며 이야기 나눈다. • 어디에서 찍은 사진이니? • 어떤 색으로 되어 있니? AAC-1 • ○○ 건물은 어떤 모양이니? AAC-1 • ○○ 건물을 보면 무엇이 생각나니? AAC-1 • (학교 사진) 유리창이 많은 이유는 무엇일까? AAC-2 • (병원 사진) 우리 집과 다른 점은 무엇이니? AAC-2 • (과일가게 사진) 다른 건물과 어떻게 다르니? AAC-2	– 기본 도형으로 설명하기 어려운 조형물의 모양에 대해 유아에게도 '이게 무엇일까?' 하고 물어봄으로써 대답해 볼 수 있는 기회를 부여한다.

🎁 우리 동네에 있는 조형물 사진을 보며 조형물에 대해 이야기 나눈다. 　• ○○ 조형물을 본 적이 있니? 　• 우리 동네의 어디에서 보았니? AAC-1 　• ○○ 조형물을 왜 이곳에 세웠을까? AAC-2 　• ○○ 조형물을 보니 어떤 생각이 드니? AAC-2 　• 다른 조형물을 세운다면 무엇을 세우고 싶니? AAC-1	– 전혀 생각지 못한 대답이라 할지라도 창의적인 표현으로 칭찬하고 학급 전체 유아들이 창의적인 사고를 해 볼 수 있는 분위기를 조성한다.
🎁 건물과 조형물을 아끼고 보존하는 태도에 대해 이야기 나눈다. 　• ○○ 건물(조형물)이 있어서 좋은 점은 무엇일까? 　• 우리 동네의 건물과 조형물을 아끼고 보존하려면 어떻게 해야 할까?   	

👤 **평가**

활동평가	• 우리 동네에 있는 건물과 조형물에 관심을 가지고 다양한 형태를 아는지 평가한다. 　1) 우리 동네에 있는 다양한 건물과 조형물에 관심을 가지는가? 　2) 동네에 있는 건물과 조형물의 형태를 말할 수 있는가? • 우리 동네의 건물과 조형물을 아끼고 보존하는 방법을 평가한다. 　1) 우리 동네에 있는 건물과 조형물을 아끼고 보존하는 방법을 아는가?
AAC 평가	• 조형물에 숨겨진 기본 도형을 AAC 상징판에서 선택할 수 있는가?

AAC **단계별 활동어휘목록**

AAC-1	학교, 유치원, 은행, 병원, 과일가게, 파란색, 주황색, 보라색, 동그라미, 세모, 네모
AAC-2	동그라미처럼, 보여요, 세모처럼, 네모처럼, 눈사람처럼, 독수리처럼

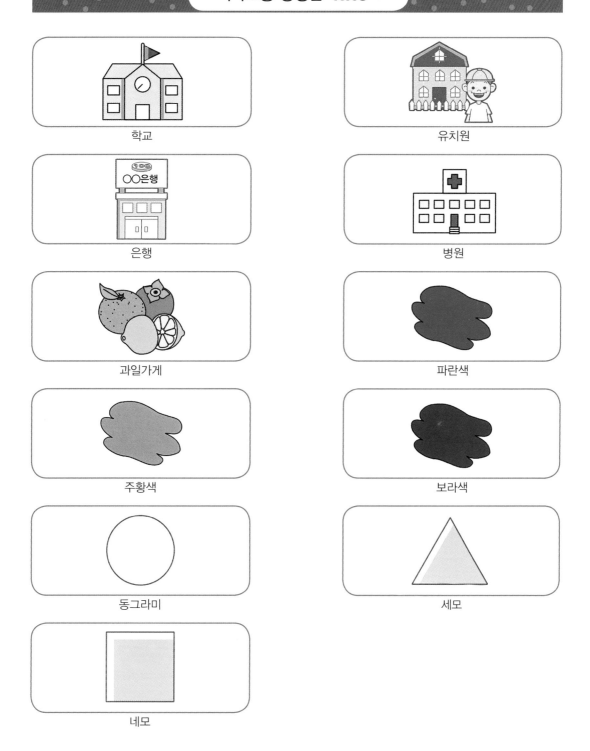

학교

유치원

은행

병원

과일가게

파란색

주황색

보라색

동그라미

세모

네모

동그라미처럼

보여요

세모처럼

보여요

네모처럼

보여요

눈사람처럼

보여요

독수리처럼

보여요

다음 건물들에 숨어 있는 동그라미, 세모, 네모를 찾아서 표시해 보세요.

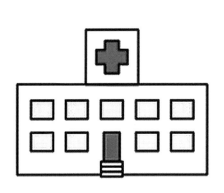

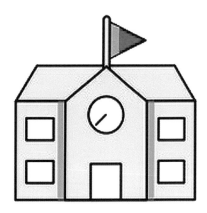

8. 안전한 곳과 위험한 곳

활동목표	◉ 놀이할 때 안전한 곳과 위험한 곳을 안다. ◉ 우리 동네 주변의 안전한 장소에서 놀이한다.
AAC 목표	◉ '위험하다/안전하다'의 의미를 담은 상징을 인식한다. ◉ 놀이할 때 안전한 곳과 위험한 곳의 상징 표시를 구분한다.
5세 누리과정 관련 요소	◉ 사회관계: 사회에 관심 갖기−지역사회에 관심 갖고 이해하기 ◉ 신체운동: 안전하게 생활하기−안전하게 놀이하기

👤 **활동자료**

동네에서 볼 수 있는 안전한 곳과 위험한 곳 삽화, 카메라, 캠코더 등

👤 **활동방법**

활동방법	Tips
🎁 우리 동네에서 놀이한 경험을 이야기 나눈다. • 동네에서 놀이할 때 주로 어디에서 놀았니? • 이것은 무엇일까? AAC-I • 언제 사용하는 것일까? AAC-I	
🎁 (다친 그림사진을 보며) 놀이하다가 다쳤던 경험을 이야기 나눈다. • 놀다가 다친 적이 있니? • 왜 다쳤니? • 다쳐서 어떻게 되었니? • 그때 마음이 어땠니?	

🎒 우리 동네 사진 자료를 보며 유아가 안전한 곳인지, 위험한 곳인지 구분하여 보고 그 이유에 대해 이야기를 나눈다. • 여기는 어디일까? AAC-1 • 이곳은 놀이할 때 안전한 곳일까? 위험한 곳일까? AAC-1 • ○○는 이곳이 왜 안전하다고 생각하니? AAC-2 • ○○는 이곳이 왜 위험하다고 생각하니? AAC-2	– 놀이할 때 안전한 곳과 위험한 곳의 구분 및 동그라미표, 가위표의 형태를 인식하기 어려운 유아의 경우 시범을 보이고 두 팔로 동그라미표와 가위표를 만들어 보도록 한다.
🎒 우리 동네의 안전한(위험한) 놀이장소를 찾아본다. • 우리 동네에서 위험한 장소는 어디일까? • 우리 동네에서 안전한 놀이장소는 어디일까?	– 유치원 주변으로 자주 이탈하는 유아의 경우 실제 모습을 찍은 사진이나 동영상을 활용하여 안전한/위험한 곳을 인지하도록 활용한다.

🎒 위험한 상황에 대처하는 방법에 대해 이야기 나눈다.
• 만약 놀이를 하다가 다치면 어떻게 해야 할까?
• 다치지 않고 안전하게 놀이하는 방법은 무엇일까?

📋 평가

활동평가	• 놀이할 때 안전한 곳과 위험한 곳을 알고 안전하게 놀이하는 방법을 아는지 평가한다. 1) 놀이장소로 안전한 곳과 위험한 곳을 알고 있는가? 2) 놀이장소에서 안전하게 놀이하는 방법을 아는가?
AAC 평가	• 안전한 곳과 위험한 곳을 AAC 상징판에서 구별하여 선택하는가? • 안전한 곳과 위험한 곳을 동그라미표와 가위표로 AAC 상징에서 구별하여 선택하는가?

AAC 단계별 활동어휘목록

AAC-1	밴드, 연고, 놀이터, 운동장, 주차장, 계단, 엘리베이터, 차도, 안전하다, 위험하다, 동그라미표, 가위표
AAC-2	다쳤을 때, 사용해요, 다칠 수 있어서, 위험해요, 사고 날 수 있어서, 다칠 게, 없어요, 다치면, 부모님께, 이야기해요

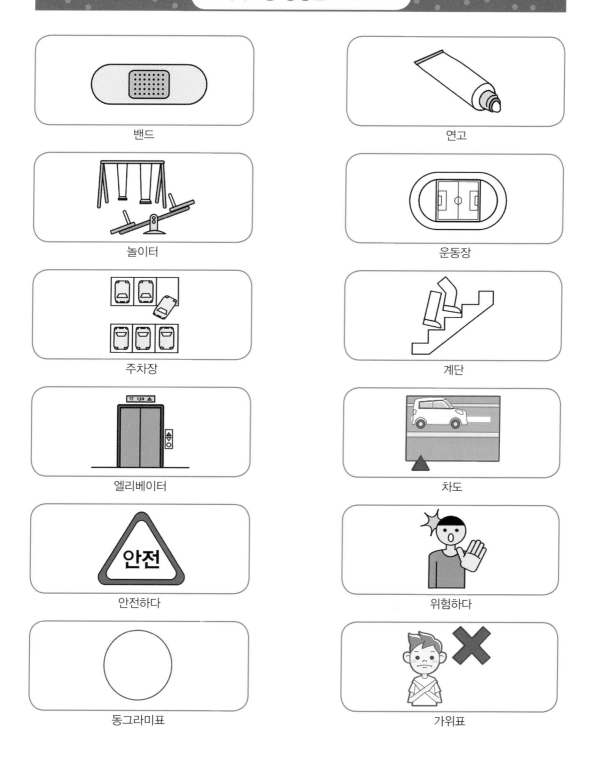

밴드

연고

놀이터

운동장

주차장

계단

엘리베이터

차도

안전하다

위험하다

동그라미표

가위표

다쳤을 때

사용해요

다칠 수 있어서

위험해요

사고 날 수 있어서

위험해요

다칠 게

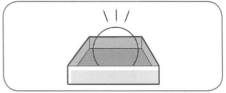

없어요

다치면

부모님께

이야기해요

다음의 그림을 잘라 안전한 곳과 위험한 곳을 구별하여 붙이세요.

안전

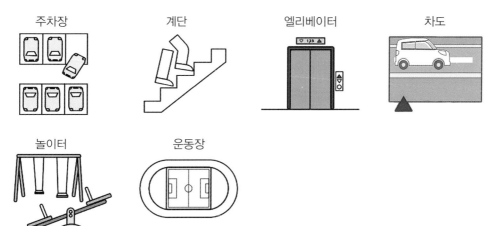

| 주차장 | 계단 | 엘리베이터 | 차도 |
| 놀이터 | 운동장 | | |

9. 내가 살고 있는 동네는

활동목표	◉ 내가 살고 있는 동네에 관심을 가진다. ◉ 내가 사는 동네의 이름을 안다. ◉ 노래를 다양한 리듬에 맞춰 표현한다.
AAC 목표	◉ 내가 살고 있는 아파트 이름과 동네 이름에 관심을 가진다. ◉ 노래의 리듬에 관심을 가지며 AAC 도구를 활용하여 악기 연주를 한다.
5세 누리과정 관련 요소	◉ 사회관계: 사회에 관심 갖기 – 지역사회에 관심 갖고 이해하기 ◉ 예술경험: 예술적 표현하기 – 음악으로 표현하기

🖼 활동자료

〈내가 살고 있는 동네는?〉 악보, 리듬막대(20cm)

🖼 활동방법

활동방법	Tips
🎁 내가 사는 동네 이름에 대해 이야기 나눈다. • ○○는 어느 동네에 사니? AAC-I • ○○와 같은 동네에 살고 있는 친구가 있니? AAC-I	– 유아가 사는 아파트와 동네의 이름을 자주 묻고 대답해 본다.
🎁 〈내가 살고 있는 동네는?〉의 노랫말을 들려주고 이야기 나눈다. • ○○아파트는 어디에 있다고 하였니? • 왜 살기 좋은 동네라고 하였니?	– 유아가 사는 아파트와 동네의 이름을 넣어 노래를 불러 보도록 한다.
🎁 〈내가 살고 있는 동네는?〉의 노랫말을 생각하며 다양한 방법으로 노래를 불러 본다. • 반주에 맞추어 한 가지 소리로 불러 볼까? • 노랫말을 넣어 다 같이 불러 볼까?	

📑 〈내가 살고 있는 동네는?〉의 노랫말(건물, 장소, 등)을 바꾸어 불러 본다. • 너희들이 살고 있는 동네에는 무엇이 있니? • 너희들이 살고 있는 동네에 있는 것들을 넣어 바꾸어 불러 보자.	
📑 〈내가 살고 있는 동네는?〉 노래를 여러 가지 방법으로 불러 본다. • 손뼉을 치며 노래를 불러 볼까? • 발을 구르며 노래를 불러 볼까? • 빠른 부분은 뛰면서 불러 볼까?	
📑 리듬막대를 치면서 부른다. • (리듬막대를 제시하며) 이것은 무엇일까? • 리듬막대를 두드리며 노래를 부르는 방법에는 무엇이 있을까? AAC-2 • 리듬막대를 몸에 두드리면 어떤 소리가 날까? AAC-2 • 리듬막대를 바닥에 두드리면 어떤 소리가 날까? AAC-1 AAC-2 • 리듬막대로 바닥을 두드리며 노래를 불러 볼까? • 리듬막대로 박자를 맞추면서 노래를 불러 볼까?	– 리듬막대를 한 손으로 잡고 치는 것이 어려운 유아의 경우 양손으로 리듬막대를 잡고 바닥을 두드려 보거나 교사가 잡고 있는 리듬막대와 부딪치며 소리 내 보도록 한다.

🧑 평가

활동평가	• 내가 사는 동네의 이름을 알고 노래를 리듬에 맞춰 표현하는지 평가한다. 1) 내가 사는 동네의 이름을 아는가? 2) 다양한 리듬에 맞춰 노래를 표현하는가?
AAC 평가	• 내가 사는 아파트의 이름을 AAC 상징판에서 선택할 수 있는가? • 내가 사는 동네의 이름을 AAC 상징판에서 선택할 수 있는가? • 리듬막대의 소리와 느낌을 AAC 상징판에서 선택할 수 있는가?

AAC 단계별 활동어휘목록

AAC-1	럭키아파트, 삼성아파트, 언남동, 대신동, 리듬막대, 탁탁탁 소리, 톡톡톡 소리
AAC-2	몸을 두드리면, 톡톡톡, 소리가 나요, 바닥을 두드리면, 탁탁탁, 소리가 나요, 박자에 맞추어서, 노래 불러요.

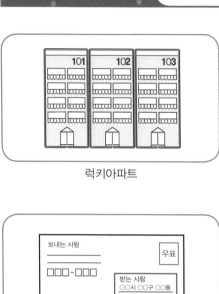

럭키아파트

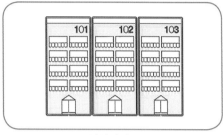

삼성아파트

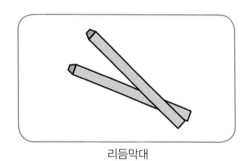

언남동

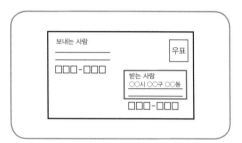

대신동

리듬막대

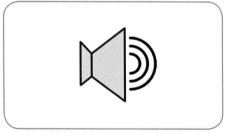

탁탁탁 소리

톡톡톡 소리

몸을 두드리면

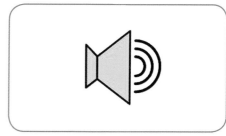

톡톡톡

소리가 나요

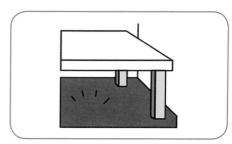

바닥을 두드리면

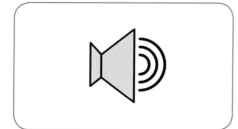

탁탁탁

소리가 나요

박자에 맞추어서

노래 불러요

🖍 우리 집 문패를 만들어 보세요.

                                         네 집

            시   구   동

            동   호

---

10. 우리 동네 숲은 어떤 모습일까

활동목표	◉ 우리 동네 숲의 모습에 대해 관심을 가진다. ◉ 우리 동네 숲으로 가는 길을 안다. ◉ 우리 동네 숲에서 관찰하는 것을 언어로 표현한다.
AAC 목표	◉ 우리 동네 숲으로 가는 길을 지도나 그림을 통해서 알아본다. ◉ 숲에서 볼 수 있는 사물의 이름을 알고 해당하는 사진 또는 사물을 찾는다.
5세 누리과정 관련 요소	◉ 사회관계: 사회에 관심 갖기−지역사회에 관심 갖고 이해하기 ◉ 신체운동−건강: 신체 인식하기−신체를 인식하고 움직이기 ◉ 자연탐구: 과학적 탐구하기−생명체와 자연환경 알아보기

활동자료

산책하기 좋은 복장, 운동화, 모자, 물, 돗자리, 디지털카메라, 모형 사진기 틀, 우리 동네 숲 사진, 비발디 〈사계〉 음악

활동방법

활동방법	Tips
🎒 우리 동네에 있는 숲에 가 본 경험에 대해 이야기 나눈다. • 우리 동네에 있는 숲에 가 본 적이 있니? • 우리 동네 숲은 어떤 모습일까? • 우리 모두 동네 숲에 가 볼까?	− 이동이 불편한 지체장애 유아가 있는 경우, 사전에 동선 및 이동 경로를 파악하여 계단이 있는 곳 보다는 경사로가 있는 곳으로 정한다.

🎁 우리 동네 숲으로 가는 길에 대해 알아본다. 　• 우리 동네 숲에 가려면 유치원에서 어느 쪽으로 가야 　　할까? AAC-1 　• 우리 유치원에서 동네 숲으로 가는 길에는 무엇이 있을 　　까? (횡단보도, 가게, 나무, 버스 정류장 등) AAC-1 　• 우리 동네 숲으로 가는 길에 위험한 곳은 없을까? 　　(신호등이 없이 건너는 길, 도로) AAC-1	
🎁 우리 동네 숲에 놀러 가기 위해 필요한 준비물과 지켜야 할 약 속을 알아본다. 　• 우리 동네 숲에 가려면 무엇이 필요할까? 　　(모자, 물, 돗자리 등) 　• 우리 동네 숲으로 산책을 가서 지켜야 할 약속에는 무 　　엇이 있을까?	– 야외에서는 안전사고 및 미아사 　고의 위험률이 높으므로 반드시 　비상연락처가 기재된 이름표를 　착용하고, 되도록 보조교사나 자 　원봉사자와 함께 동행한다.
🎁 우리 동네 숲으로 산책을 가서 숲의 다양한 모습을 관찰하여 이 야기 나눈다. 　• 우리 동네 숲에 오니 무엇이 보이니? (나무, 솔방울, 나 　　뭇가지, 꽃, 돌, 하늘 등) AAC-1 　• 하늘에는 무엇이 보이니? AAC-1 　• 무슨 소리가 들리니? AAC-1 AAC-2 　• 눈을 감고 조용히 소리를 들어 보자. 　• 우리 동네 숲에서 무엇을 하고 싶니? AAC-1	
🎁 우리 동네 숲에서 모형 사진기 틀을 이용하여 사진 찍기 놀이 후 필요한 숲의 모습을 카메라로 찍는다. 　• 우리 모두 동네 숲의 모습을 모형 사진기 틀로 찍어 볼까? 　• 모형 사진기 틀로 찍은 모습 중에 가장 마음에 드는 것 　　을 선생님께 이야기하면 사진기로 찍어 줄게. AAC-1	
🎁 유치원으로 이동하여 숲에서 찍은 사진을 소개한다. 　• ○○은 무엇을 찍었니? 　• 왜 이 모습을 찍고 싶었니?	

🎁 우리 동네 숲 사진 찍기 놀이 후 느낀 점에 대해 이야기 나눈다.
- 우리 동네 숲에서 어떤 모습을 찍어 보았니?
- 어떤 점이 재미있었니?
- 어떤 점이 힘들었니?
- 우리 동네 숲의 모습을 사진 찍기 전과 후에 달라진 생각은 무엇이니?
- 친구들이 찍은 사진 중에 마음에 드는 것이 있었니?
- 다음에 더 찍어 보고 싶은 것이 있니?

👤 평가

활동평가	• 우리 동네 숲으로 가는 길을 알고 동네 숲의 모습에 대해 관심을 가지는지 평가한다. 1) 우리 동네 숲으로 가는 길을 아는가? 2) 우리 동네 숲의 모습에 대해 관심을 가지는가? • 우리 동네 숲에서 관찰한 것과 마음에 들었던 숲의 모습을 언어로 표현하는지 평가한다. 1) 우리 동네 숲에서 볼 수 있는 다양한 모습을 주의 깊게 관찰하는가? 2) 숲에서 보았던 것들과 자신의 마음에 들었던 숲의 모습을 언어로 표현할 수 있는가?
AAC 평가	• 우리 동네 숲에서 관찰할 수 있는 것들을 AAC 상징판에서 선택할 수 있는가? • 자신이 마음에 들었던 숲의 모습이나 관찰한 것들을 AAC 상징판에서 선택할 수 있는가?

AAC 단계별 활동어휘목록

AAC-1	횡단보도, 가게, 나무, 버스 정류장, 신호등 없는 길, 공사장, 꽃, 돌, 하늘, 나뭇잎, 벤치, 새
AAC-2	아래로, 내려가요, 위로, 올라가요, 구름이, 보여요, 새소리가, 들려요, 숲에서 사진을 찍으니까 기분 좋아요

횡단보도

가게

나무

버스 정류장

신호등 없는 길

공사장

꽃

돌

하늘

나뭇잎

벤치

새

아래로

내려가요

위로

올라가요

구름이

보여요

새소리가

들려요

우리 동네 숲에서 본 것들을 찾아서 꾸며 보고 함께 이야기를 나누어 보세요.

임장현(2011). Tablet PC기반의 AAC중재가 통합된 중도장애 학생의 의사소통행동과 비장애학생의 인식에 미치는 영향. 이화여자대학교 대학원 박사학위논문.

임장현, 박은혜, 구정아(2014). 보완대체의사소통(AAC) 중재 서비스에 대한 발달장애인 부모의 요구 분석. 특수교육, 12(3), 309-332.

American Speech-Language-Hearing Association (2005). Roles and responsibilities of speech-language pathologists with respect to alternative communication: Position statement. Retrieved from http://www. asha.org/NR/rdonlyres/BA19B90C-1C17-4230-86A8-83B4E12E4365/0/v3PSaac.pdf.

Fossett, B., Smith, V., & Mirenda, P. (2003). Facilationg oral language and literacy development during general education activities. In D. L. Ryndak & S. Alper (Eds.), *Curriculum and instruction for students with significant disabilities in inclusive settings* (2nd ed., pp. 173-202). Boston: Allyn and Bacon.

저자 소개

김성민(Kim Sungmin)
이화여자대학교 발달장애아동센터 특수교육실 연구원

임장현(Lim Janghyun)
위덕대학교 특수교육학부 교수

장지은(Chang Jeeeun)
이화여자대학교 대학원 특수교육과 박사과정

이정은(Lee Jungeun)
이화여자대학교 대학원 특수교육과 석사과정

감수자 소개

박은혜(Park Eunhye)

오리건 대학교 대학원 졸업(MA)
오리건 대학교 대학원 졸업(Ph.D.)
한국 AAC학회장, 한국지체중복건강장애학회장 역임
현 이화여자대학교 사범대학 특수교육과 교수

KOMCA 승인 필

◆ 이화여자대학교 특수교육연구소 현장 총서 시리즈 2

장애유아를 위한 AAC 활동

The Activities of Augmentative and Alternative Communication for Children with Special Needs

2016년 7월 15일 1판 1쇄 발행
2025년 1월 20일 1판 4쇄 발행

지은이 • 김성민 · 임장현 · 장지은 · 이정은
감수자 • 박 은 혜
펴낸이 • 김 진 환
펴낸곳 • ㈜ 학지사

　　　　04031 서울특별시 마포구 양화로 15길 20 마인드월드빌딩 5층

대표전화 • 02) 330-5114　　팩스 • 02) 324-2345

등록번호 • 제313-2006-000265호

홈페이지 • http://www.hakjisa.co.kr
인스타그램 • https://www.instagram.com/hakjisabook

ISBN 978-89-997-0966-1　93370

정가 15,000원

출판미디어기업 학지사

간호보건의학출판 학지사메디컬 www.hakjisamd.co.kr
심리검사연구소 인싸이트 www.inpsyt.co.kr
학술논문서비스 뉴논문 www.newnonmun.com
원격교육연수원 카운피아 www.counpia.com
대학교재선자책플랫폼 캠퍼스북 www.campusbook.co.kr